Michele Morach
Pietro Bianchi... Maurer und organisiert

Michele Morach

Pietro Bianchi…
Maurer und organisiert

Ein italienischer Emigrant
erzählt aus seinem Leben

Mit einem Nachwort
von Pietro Nenni

Limmat Verlag Genossenschaft
Zürich

Die Herausgabe dieses Buches wurde durch einen Beitrag
der Stadt Zürich unterstützt.

Dieses Buch erscheint als Band 4 der «Schriftenreihe der Stiftung
Studienbibliothek zur Geschichte der Arbeiterbewegung».

Umschlag und Gestaltung: Urs Husmann
© 1979 by Limmat Verlag Genossenschaft Zürich
ISBN 3 85791 016 x

Inhalt

Vorwort 7
Prolog 13
Miseria – im Elend aufgewachsen 15
Die ersten Emigrantenjahre 23
In Zürich 37
Der «Refraktär» 59
Die Spaltung der sozialistischen Partei 75
Der Faschismus macht sich stark 81
Die antifaschistische Emigration 89
Der zweite Weltkrieg 131
Der Kampf geht weiter 149
Mit zehn Jahren habe ich angefangen,
die Pfaffen zu hassen 169
Nachwort 179
Erklärung einiger Ausdrücke 183
Personenregister 184
Parteienregister 194
Bild- und Dokumentennachweis 195

Vorwort

Wohl für die meisten Mitglieder der grossen Trauergemeinde, die sich am 15. März 1977 in der Abdankungshalle des Krematoriums Zürich-Aussersihl zusammenfand, kam der Tod des 92jährigen Pietro Bianchi völlig überraschend. Zu vital hatte er noch bis einige Tage vorher auf seine zahlreichen Freunde und Bekannten eingewirkt. Seinem Alter war ja nie besondere Beachtung geschenkt worden; man hatte ihn immer alt gekannt, ob man ihm nun vor kurzem oder vor zwanzig und mehr Jahren das erste Mal begegnet war. Das Alter schien irgendwie vor ihm Halt gemacht zu haben, vielleicht, weil er nicht als nostalgisch der Vergangenheit nachsinnender Greis gewirkt hatte, sondern als Mitmensch, der sich auf seine eigene, leidenschaftliche Art mit den Problemen unserer Gegenwart auseinandersetzte.

An unsere erste Begegnung kann ich mich nicht mehr erinnern. Als ich gegen Ende der Fünfzigerjahre die Cooperativa entdeckte, war er einfach da, gehörte zur Ambiance wie das Portrait von «Carlo» Marx über der Musikbox oder der schattenspendende Garten an heissen Sommertagen. Ein Plauderstündchen mit Pietro Bianchi war sozusagen im Preis des sonntäglichen Kaninchenbratens inbegriffen.

Erst als ich um 1970 wenige Häuser von ihm entfernt zu wohnen kam und ihm öfters auf seinen Streifzügen durchs Quartier begegnete, kamen wir uns näher. Dabei lernte ich hinter dem scheinbar ziel- und sorglos, mit eigenartig tapsigen Schritten durchs Quartier trippelnden Original einen Menschen kennen, der seinen Rentner-Alltag nach recht eigenen, straffen Regeln organisiert hatte. Mehr mit ihm vertraut geworden, wurde mir auch klar, dass dieser stets humorvolle und nie um eine Antwort verlegene Bianchi in Wirklichkeit einen stillen aber erbitterten Kampf führte, bei dem es um mehr als um die ständige Auseinandersetzung mit lästigen Altersgebresten ging (chronische Bronchitis und Absinken der Sehkraft auf nur zehn Pozent). Es ging um die Wahrung der eigenen Unabhängigkeit und Eigenständigkeit. Nichts fürchtete er in seinen letzten Jahren mehr als aus seinem Aussersihl, dem Kreis seiner Freunde und vertrauten Genossen gerissen zu werden, um in Abhängigkeit (für die er noch hätte danken müssen) das Lebensende in irgendeinem anonymen Alters- oder Pflegeheim zu erwarten.

Im Frühsommer 1975, bei einem Gespräch unter Freunden, in dem es um die merkwürdigen Metamorphosen einiger ehemaligen Exponenten der 68er Linken auf ihrem «langen Marsch durch die Institutionen» ging, kam mir die erste Anregung zu einem Dokumentarfilm über das Leben Pietro Bianchis. Bei der späteren Vertiefung dieser Idee wurde mir ein anderer wesentlicher Aspekt des Projektes bewusst: Wie wenige Menschen, die Geschichte mit-*erlebt*, ja mit-*gemacht* haben, können später auch Geschichte mit-*erzählen*!

Ich weihte dann Bianchi in meine Absichten ein, und er willigte nach anfänglich berechtigtem Zögern in das Vorhaben ein. Darauf erstellten wir im November/Dezember 1975 eine Reihe von Tonbandprotokollen, in welchen er seine Erinnerungen in loser Form, wie sie ihm gerade einfielen, erzählte. Hinzu kamen Aufzeichnungen, die ich früher und einige, die ich später gemacht hatte. Auf diesen Grundlagen wurde eine erste (und später eine zweite) Fassung eines Drehbuches erarbeitet. In den folgenden 15 Monaten, in denen eine Finanzierung des Projektes gesucht wurde (die diesbezüglich insgesamt beschämende und empörende Situation des schweizerischen Filmschaffens soll hier nicht beschrieben werden!), habe ich seine Aussagen erweitert und vertieft. Neues kam hinzu, Verwechslungen oder Missverständnisse wurden aufgeklärt, Gedankenlücken überbrückt. Meine parallel verlaufenden geschichtlichen Nachforschungen wurden selbstverständlich fortwährend in diese Gespräche eingebaut und aus der Sicht Bianchis verifiziert. Als Ende Februar 1977 wenigstens die Finanzierung der geplanten sechswöchigen Drehzeit abgesichert war und sich wärmeres Frühlingswetter ankündigte, konnte der Beginn der Dreharbeiten auf den 8. März angesetzt werden.

Am 1. März wurde Pietro Bianchi auf dem Heimweg, beim korrekten Überqueren eines Zebrastreifens von einem Tram angefahren und mit zwei gebrochenen Rippen – noch Witze machend – ins Spital eingeliefert, wo er am folgenden Tag ins

Koma fiel, aus dem er nicht mehr erwachen sollte. Er starb am 11. März.

Nach seinem Hinschied kam den Tonbändern eine völlig neue Bedeutung zu. Aus den ursprünglich als Gedankenstützen gedachten Protokollen war nun eine letzte Selbstdarstellung geworden. Ich entschloss mich, die Bänder unter diesem Gesichtspunkt erneut abzuhören und das Ergebnis in umfassender Weise in Buchform zu einem Lebensbericht zu montieren. Nicht nur die bereits recherchierten Episoden, sondern auch die zahlreichen neu hinzugekommenen mussten erneut Nachforschungen unterzogen werden, auch weil sich bei Auflösung seines Haushaltes herausstellte, dass er bei seiner Selbstdarstellung die eigene Rolle konsequent untertrieben hatte. So waren beispielsweise zwei in seinem Nachlass gefundene Medaillen die einzigen Indizien, die mich zu aufwendigen (und für einmal erfolgreichen) Nachforschungen über den längst eingegangenen Radsportverein U.S.Z. führen liessen, in dem er einmal Mitglied gewesen war. All diese Nachforschungen haben mich nicht nur in klimatisierte öffentliche Archive gebracht, sondern auch in manchen stickig-heissen Estrich und in manchen ungeheizten Keller.

Ich habe die Erzählungen nach entscheidenden Etappen in Bianchis Leben zu ordnen versucht. In einem letzten Kapitel habe ich Äußerungen gesammelt, welche sich meines Erachtens nicht anderswo sinnvoll einordnen liessen, von denen mir jedoch schien, dass sie wichtig seien, um Bianchis Anschauungen abzurunden.

Bei der Übersetzung habe ich mich bemüht, seine typischen Sprachbilder nach Möglichkeit nachzuvollziehen und zu erhalten. Wo immer er Sätze oder Redewendungen in *seinem* Schweizerdeutsch eingeflochten hatte, habe ich diese übernommen und versucht, sie nach dem Gehör wiederzugeben.

Bei meinen Recherchen stiess ich auf den gebildeten und integrierten Sohn eines andern alten italienischen Sozialisten, einen in unserer Gesellschaft geachteten und erfolgreichen Mann. «Ich kann einfach nicht verstehen, dass Sie sich solche Mühe mit diesem Bianchi geben – diesem Analphabeten! Der war doch ohne Bedeutung! Das war doch nur ein Wurm der immer einfach mitgemacht und ausgeführt hat, was andere gedacht haben!» erwiderte dieser Mann als ich mein Projekt erläuterte.

Sicher haben mich auch Bianchis Humor und die selten gewordene Gabe des Erzählens und naturwüchsigen Schauspielens angeregt. Denn er war ein liebenswert-despotischer Geschichtenerzähler orientalischer Prägung, der, einmal losgelassen, nicht mehr aufzuhalten war und der Zuhörer jeden Alters stundenlang in seinen Bann ziehen konnte.

Aber ein entscheidender Grund ist ungewollt sicher in der Charakterisierung Bianchis durch diesen wohlmeinenden Mann zu suchen. Denn da hat einer über siebzig Jahre «*immer* einfach *mitgemacht*», hat einer die ganze Zeit «*ausgeführt*, was andere erdacht haben»! Und das soll wenig sein? Soll die Unbeirrbarkeit und Bescheidenheit, mit der er bis ins höchste Alter tatkräftig für seine Ideale eintrat, ihn als «*Wurm*» qualifizieren? Sicher, ich glaube kaum, dass Bianchi je in seinem Leben fähig gewesen ist, den Begriff des dialektischen Materialismus zu erklären. Aber dass er den Begriff (wenn vielleicht auch nur intuitiv) erfasst hatte und ihn lebte, so dass er immer fähig war, seinem Handeln einen entsprechenden Ausdruck zu geben, ist entscheidend. Sein Sozialismus war «*nur*» ein einfaches, dafür aber bedingungsloses Eintreten für den Kampf seiner Klasse – er kannte aber auch weder Zweifel, Resignation noch Verbitterung. Er hat andere wortreich die Zersplitterung der Arbeiterklasse beklagen lassen, selber hat er die vermisste Einheit wann immer es möglich war gesucht.

Mir scheint, dass mit Bianchi ein letzter vitaler Rest dieses Geschichte gewordenen sozialistischen Maximalismus in unsere Zeit hineinragte, als kleines Mahnmal wider Opportunismus und Gleichgültigkeit. Eine maximalistische Moral im weiteren Sinne vielleicht auch, die sich nicht auf die parteispezifische Haltung eines Bianchi oder eines Armuzzi beschränkte, sondern die sich als «sens de l'attitude politique» sicher ebenso auf einen Republikaner Casadei oder auf einen Anarchisten Bertoni beziehen liess. Einem Maximalismus, an dem die organisierte Arbeiterschaft einmal reich gewesen sein soll!

Einige Worte noch an Leser, die sich durch die Lektüre im Andenken an liebe Verstorbene, Freunde oder Verwandte verletzt fühlen sollten. Bianchi hat auf meine Verschwiegenheit vertraut und mir im Bewusstsein seiner Parteilichkeit vieles als Hintergrundmaterial erzählt, was ich im Filmprojekt niemals verwendet hätte. Nach seinem Tode stellte sich mir das Dilemma, ob dieses Vertrauen posthum zu verletzen sei. Ich hatte wenige Tage vor dem Tod Ezio Canonicas (der ein guter Kenner der Ansichten Pietro Bianchis war) mit ihm ein Gespräch darüber in welchem er meine letzten Skrupel beseitigte. Rein Privates habe ich zwar vieles weggelassen. Dort aber, wo es um mehr ging als um das Aufwirbeln längst gesetzten Schlammes, dort wo durch seine Äußerungen klare politische Widersprüche und Antagonismen zu Tage traten, habe ich dieses Material mitverwendet. Ich möchte die Betroffenen deshalb auffordern, im Wissen um Bianchis Parteilichkeit, ihm trotzdem kein schlechtes Andenken zu bewahren, da die Verantwortung für die Publizierung ausschliesslich bei mir liegt.

Ähnliches gilt für die Einwohner von Lenno und Umgebung. Es wäre sicher falsch gewesen, die starke Entfremdung von seinem Heimatdorf zu verschweigen, zumal sie Bianchi in all den Jahren auf eine harte Weise aufgezwungen wurde. Ein Indiz dafür, dass er doch tiefer mit Lenno verbunden blieb als die vorliegenden Aussagen annehmen lassen, mag darin zu sehen sein, dass er in seinem letzten Willen ausdrücklich wünschte, auf dem Friedhof von Lenno bestattet zu werden. Ein Hinweis dafür, dass er auch nicht vollkommen von der Wirklichkeit des Dorfes ausgestossen war, mag folgende Episode bestätigen: Bei meinem letzten Besuch in Lenno wurde mir erzählt, einige Sozialisten seien an der Neugründung einer Sektion Lenno seiner Partei. Einer Sektion, die selbstverständlich den Namen «Pietro Bianchi» tragen werde!

Einige letzte Worte des Dankes noch. Es ist mir an dieser Stelle schon aus Platzgründen unmöglich, allen Personen namentlich zu danken, die mir bei meiner Arbeit in irgendeiner Form geholfen haben. Stellvertretend für alle will ich deshalb nur zwei Namen nennen: Esther Heege und Monica Iseli von der PRODUCOOP Filmproduktion. Sie haben mich auch nach Scheitern des Filmprojektes, wenn immer mir die Zuversicht, die Moral, die Geduld oder das Geld auszugehen drohten, zum Weitermachen angespornt.

Zürich, 22. März 1979 *Michele Morach*

Bleistiftzeichnung von Cristina Fessler, 1976

All right!
Ich bin einverstanden mit dir, diese Sache zu machen. Das heisst, ich erzähle dir alles, an das ich mich noch erinnern kann, alles übrige musst du besorgen. Du kannst von mir nicht mehr verlangen, ich verstehe ja nichts von diesen Dingen. Hätte mir jemand vor sechzig, siebzig Jahren gesagt: «Du wirst eines Tages dein Leben erzählen müssen», hätte ich mir natürlich immer Notizen gemacht, was die Sache jetzt vereinfachen würde. So aber bist du darauf angewiesen, dass wir zusammensitzen und ich dir, so aus der Stimmung heraus, ganz einfach erzähle, was mir gerade in den Sinn kommt. Du musst auch riskieren, dass mir die Erinnerung manchmal einen Streich spielt, denn olala, du darfst nie vergessen: «con gli anni non si scherza», mit den Jahren scherzt man nicht!

Pietro Bianchi am 22. Juli 1975 im Restaurant «Krokodil», als ich ihm an seinem 90. Geburtstag das Filmprojekt erläuterte.

Ich bin nicht erst seit gestern ein alter Mann. Da ist vor ein paar Jahren ein italienischer Journalist gekommen und hat eine Reportage über das alte Cooperativo und die alten Antifaschisten gemacht. Dabei hat er eine grosse Fotografie von mir in der Zeitung veröffentlicht. Als ich einige Zeit später meine Verwandten in Mailand besuchte, hat mich eine Frau im Treppenhaus ganz komisch angesehen. Als meine Nichte mich vorstellte, sagte sie: «Ah, Sie sind der Onkel der Frau Raveglia! Ich habe mir gleich gedacht, dass ich Sie kenne, ich habe Ihr Bild in der Zeitung gesehen.»

Auch diese Art von Mikrofon habe ich schon einmal gesehen, es war auch in der alten Cooperativa. Da sind Leute vom deutschen Fernsehen gekommen, die haben einen Film

Herbst 1969: Silone zwischen Bianchi und Casadei bei den Filmaufnahmen in der Cooperativa

über das Leben von Silone gemacht. Sie haben mich mit dem Casadei zu Silone an einen Tisch gesetzt, und dem Silone haben sie auch so ein Mikrofon angehängt.

Die Leute werden sich jetzt fragen, wer ist dieser Bianchi? Ist das ein Schriftsteller oder ein grosser Journalist? Was für ein Aufwand für einen «semplicciotto» wie mich. Michele, erkundige dich, ob Zürich zu kaufen ist!

Am 11. Dezember im Restaurant Cooperativo, als ich die Tonbandprotokolle zum ersten Mal mit einem professionellen Tonmeister aufnahm.

Ich bin bereit, alles mitzumachen, aber ich möchte unter keinen Umständen mit euch nach Lenno zurückkehren. Stellt euch vor, da stehen alle Leute herum, sehen uns zu und hören mich reden. Das gäbe einen furchtbaren Klatsch. Nein, ich möchte in Lenno nicht mehr ins Gerede kommen. Mein Bruder lebt ja noch dort, der würde für alles verantwortlich gemacht, so engstirnig sind dort die Leute! Ich bin hier, habe hier gelebt und gearbeitet und möchte auch hier sterben, deshalb will ich mit Lenno offiziell nichts mehr zu tun haben.

Am 19. Dezember 1975 im Restaurant Cooperativo, als wir ihm unser Vorhaben eröffneten, ihn während dem bevorstehenden Festtags-Urlaub nach Lenno zu begleiten.

Wenn du das genau wissen willst, musst du den Michele fragen, der ist jetzt mein Gedächtnis geworden, der weiss jetzt mehr über mein Leben als ich selbst!

Auf eine Frage seines Bruders Guerino, der ihn wenige Tage vor seinem tödlichen Unfall am 1. März 1977 besuchte.

Miseria – im Elend aufgewachsen

Wenn ich an meine Kindheit denke, dann kommt mir nur ein Wort in den Sinn: «miseria» – Elend! Von etwas anderem kann ich nicht berichten.

Ich bin *(am 22. Juli 1885)* in Casanova, einem Ortsteil von Lenno am Comersee, geboren. Mein Vater *(Bartolomeo Bianchi)* arbeitete in der Saison bei Vanini, einer kleinen Olivenölfabrik im Dorf. Nebenbei brannte er den Bauern die Grappa und dann besass er zusammen mit einem Freund eine Getreidedreschmaschine, die er den Bauern vermietete. *Es soll eine der ersten landwirtschaftlichen Maschinen in der Gegend gewesen sein und den Vater die für seine Verhältnisse enorme Summe von 500 Lire gekostet haben.*

Es ist schon lustig, manchmal habe ich Mühe, mich an wichtige Erlebnisse zu erinnern, aber jetzt fällt mir eine Episode ein, die sich vor beinahe neunzig Jahren ereignet hat. Ich bin als etwa dreijähriger Knirps auf der Strasse einem Passanten nachgelaufen

Teilansicht von Casanova, hinten links Bianchis Geburtshaus

Lago di COMO - Il Bacino della Tremezzina con lo sfondo di Bellagio, visti dal Sant. della Madonna del Soccorso

Alte Ansichtskarte der Bucht von Tremezzo. In Bildmitte der Dorfkern von Lenno, im Vordergrund rechts Casanova

und habe dabei versucht, ihn anzupinkeln. Mein Vater ist hinzugekommen und hat mich erwischt. Er hat sich furchtbar aufgeregt und mich gehörig verprügelt.

Meine Mutter *(Antonia Canzani)* kannte in ihrem Leben nur eine Pflicht: in die Messe zu gehen! Sie war keine schöne Frau, damals gab es bei uns überhaupt keine schönen Frauen, sie waren alle von der Armut gezeichnet. Meine Mutter stand jeden Morgen um vier Uhr auf, um in die Messe zu gehen. Die Kinder blieben zu Hause, das eine weinte, das andere lachte, das dritte «Mamma hier, Mamma dort»; nichts hielt sie davon ab, in die Frühmesse zu gehen. Niemand, nicht einmal die Hunde beachteten sie, wenn sie an kalten dunklen Wintermorgen zur Kirche eilte. Auch vom Pfarrer empfing sie nie ein Lobeswort, weil der sich nämlich sagte: «Bei der ist ja ohnehin nichts zu holen».

Die Mutter

Anders als «Tirilinchett» *(Giovanni Paggi)*: Wenn der zur Messe ging, war das eine ganz andere Sache. Er war der reichste

Mann im Dorf. In allen Dörfern gibt es einen Reichen, und je mehr arme Leute es gibt, desto mehr hat der Reiche zu sagen. Meine Mutter konnte tausend Mal zur Messe gehen und niemand beachtete sie. Aber alle mussten sehen, wie der «Tirilinchett» zur Messe ging, für den war das eine Angelegenheit der Werbung. Er wartete zu Hause mit der Uhr in der Hand den richtigen Zeitpunkt ab, um nicht zu früh und nicht zu spät zu kommen. Genau fünf Minuten bevor es läutete, musste er gehen. Die Dorfbevölkerung stand Spalier auf dem Platz vor der Kirche, und der «Tirilinchett» schritt mit hocherhobenem Haupt hindurch und grüsste die Leute nach rechts und nach links. Alle mussten ihn sehen: «Ah, auch der ‹Tirilinchett› geht zur Messe, seht nur, was für ein braver Mann das ist, der geht immer pünktlich in die Kirche!» Aber in Wirklichkeit war es eine Falle. Er ging nur in die Kirche, um das Volk zu täuschen.

Der «Tirilinchett» hatte das elektrische Licht nach Lenno gebracht, indem er in Portezza ein kleines Elektrizitätswerk gebaut hatte, und den Leuten den Strom verkaufte. Aber das Wasser, das er für den Betrieb des Kraftwerkes benötigte, zapfte er heimlich von der Quelle ab, die der Gemeinde gehörte. Das war der Grund, weshalb er von jedem Kirchbesuch ein Aufheben machte, das grösser war, als wenn meine Mutter eine Million Mal gegangen wäre. Einmal in die Messe gehen, und schon hatte er das ganze Dorf in der Tasche.

Der Zwillingsbruder meiner Mutter *(Giuseppe Canzani)* wohnte mit seiner Frau und seinen fünf oder sechs Kindern wenige Meter von uns entfernt, im Hause des Grossvaters. Sie hatten ein wenig Land in Casanova und bearbeiteten im Sommer das «Rondanin», ein kleines Meiensäss zuhinterst in der Valle d'Intelvi. Es lag gleich an der Schweizer Grenze und gehörte auch dem Grossvater. Es waren arme Bauern. Den ganzen Sommer mussten sie zwischen dem «Rondanin» und Lenno hinauf- und hinunterziehen, denn das bisschen Land im Dorf musste natürlich auch bearbeitet werden. Ich war etwa fünf Jahre alt, da hat mich der Grossvater einmal mitgenommen, um auf dem «Rondanin» die Ziegen zu hüten. Es liegt ganz hinten beim Belvedere, steil oberhalb Caprino gegenüber Lugano.

Kurz darauf starb mein Grossvater, und mein Onkel musste auf dem «Rondanin» einen Gehilfen anstellen. Eines Tages nun,

Sicht auf Lugano vom Belvedere in Lanzo d'Intelvi (Ansichtskarte)

sind die beiden da hinten vom Bruder seiner Frau aufgesucht worden, der sie fragte, ob sie in der Nacht als Träger bei einer Gruppe von Schmugglern mitmachen wollten. Es fehlten gerade zwei Leute, und sie könnten sich so nebenbei etwas hinzuverdienen. Die beiden willigten ein und begaben sich nachts zum abgemachten Treffpunkt. Als sie mit der Ware unterwegs waren, wurden sie in der Dunkelheit von Zöllnern überrascht. Sie konnten sich mit knapper Not auf die Schweizer Seite hinüberretten. Mein Onkel, der zum ersten Mal bei so etwas dabei war und sich deshalb auch nicht im Gelände auskannte, stürzte dabei unglücklicherweise einen Felsen hinunter und blieb liegen. Sein Gehilfe, der hinter ihm ging und auch noch keine Erfahrung im Schmuggelgewerbe hatte, schrie den andern in der Dunkelheit zu: «Der Canzani ist gestürzt und kann nicht weitergehen!» Sie gingen zurück, suchten ihn und brachten ihn ins Spital von Lugano, wo ihm ein Bein amputiert werden musste.

Als er dann später mit einem Holzbein nach Hause zurückkehrte, konnte er als einziger vor Gericht gestellt werden, nur weil der andere in der Aufregung seinen Namen gerufen hatte. Mein Onkel wurde zu drei Jahren Gefängnis verurteilt, und seine Frau ist, noch während er im Gefängnis sass, vor Gram und

Verzweiflung gestorben. Da musste dann meine Mutter nebenbei auch noch für die Kinder ihres Bruders sorgen.

Es gab wohl eine Schule in Lenno, aber niemand dachte daran, mich da hinzuschicken. Meine Mutter wäre nie auf die Idee gekommen, für sie war ja einmal in die Messe gehen nützlicher als hundertmal in die Schule gehen. Aber auch sonst hätte dich niemand dazu angehalten, derart rückständig waren damals die Leute in diesen Dörfern. Der Pfaffe hatte es um so leichter, je ungebildeter die Dörfler waren, und die Lehrerin hatte mit dem Pfaffen auszukommen – alles eine Suppe! Lesen habe ich dann später ganz von selbst gelernt, aber ich habe in meinem ganzen Leben nie ein Buch gelesen. Trotzdem habe ich im Dorf den Übernamen «Poeta» – Dichter – bekommen. *In Lenno hatten früher alle Leute einen Übernamen. Dieser wurde, ähnlich einem Adelstitel, meistens dem ältesten Nachkommen vererbt. Nach Auskunft seines Bruders Guerino, dem der Uebername nach Pietros endgültigem Wegzug zugefallen war, geht dieser auf ihren Grossvater zurück, der ein etwas auflüpfischer Bauer gewesen sein soll und der es liebte, seine nonkonformistischen Ideen in phantastischen Geschichten zum Ausdruck zu bringen.*

Mit sechs Jahren musste ich meinem Vater beim Grappabrennen helfen. Ich hatte den Druckmesser zu überwachen, damit er anderer Arbeit nachgehen konnte. Ich erinnere mich noch, wie einmal zwei junge Männer hinzukamen, die eine Handvoll Feigen bei sich hatten. Sie schlugen mir vor, diese gegen einen Liter Grappa zu tauschen, und ich willigte natürlich ein. Als mein Vater nach einiger Zeit zurückkam, waren sie schon völlig betrunken. Er ist furchtbar wütend geworden und verjagte die beiden. Dann verprügelte er mich wieder einmal gehörig. Man muss natürlich wissen, dass damals bei uns ein Liter Grappa zirka eine Lira – einen Franken – kostete, was etwa dem Tageslohn einer Textilarbeiterin bei zwölf Stunden Arbeit entsprach. Mit zehn wurde ich als «Bocia» *(so wurden die auf dem Bau beschäftigten Kinder genannt)* bei Cetti, einem kleinen Bauunternehmen in Lenno, eingestellt. Cetti war äusserst streng mit mir: Kam ich einmal zu spät, oder war ich irgendwie unachtsam, so verprügelte er mich gleich.

Als ich knapp dreizehn war, ist mein Vater erkrankt: Blinddarmentzündung! Wir mussten den Doktor rufen; ich sehe ihn noch heute genau vor mir, wie er zur Türe hereinkam. In einem weissen Anzug, einen eleganten Stock in der Hand, unter dem Arm den «Corriere della sera» *(die wichtigste bürgerliche Tageszeitung in Norditalien)* geklemmt. Mit der anderen Hand hielt er einen riesigen weissen Hund an der Leine. Er untersuchte meinen Vater: «Was hat der gute Mann da? Ah, ein wenig Bauchweh! So, so! Ach, gebt ihm doch ein wenig Rizinusöl!» Das war doch reines Gift für meinen Vater. Wenn einem der Blinddarm platzt, kann man doch nur noch operieren. Das wusste man damals in unserer Gegend noch nicht, aber das Rizinusöl hat doch die ganze Sache nur noch verschlimmert.

Darauf hat meine Mutter dann alle Schubladen im Haus durchsucht und alles noch vorhandene Geld zusammengekratzt. Sie ist zur «Madonna del Soccorso» *(Santuario della Beata Vergine del Soccorso)* bei Lenno, wallfahrten gegangen. Der Wallfahrtsort liegt auf einer Bergkuppe hoch über dem Dorf. Ein steiler Weg führt hinauf, mit vielen Kurven, und an jeder Kurve steht eine kleine Kapelle mit einer Madonna. Bei jeder Madonna hielt sie an und betete ein Avemaria. Oben angekommen, übergab sie dem Priester das ganze Geld, damit er eine Messe für Vater lese. Das ist auch so eine schlaue Erfindung, das mit dem Messelesen. Die Pfaffen beuten eben aus, wo sie können. Man kann eine Messe lesen lassen für einen Menschen, der vor einer Million Jahren gelebt hat, macht nichts, wenn man nur dafür bezahlt. Als meine Mutter nach ein paar Stunden endlich wieder nach Hause kam, war mein Vater tot, und Geld war auch keines mehr im Hause. *Bartolomeo Bianchi starb am 25. Juni 1898 im Alter von 41 Jahren.*

Meine Mutter kam dann in eine grosse Notlage, auch weil sie ja noch für die Kinder des Bruders sorgen musste. *In*

Der Kalvarienweg zum Wallfahrtsort Beata Vergine del Soccorso

Mailand 1898: Barrikaden bei Porta Venezia. Spontane Aufstände führten im ganzen Land zu unzähligen Massakern an der hungernden Bevölkerung. In Mailand erlebte die Bewegung ihren Höhepunkt. Vom 6.–9. Mai zählte man über 80 Tote und 450 Verletzte. Tausende von Italienern verliessen Hals über Kopf ihre Arbeitsplätze in der Schweiz, um den Aufständischen zu Hilfe zu eilen. Das repressive Regime führte nach dem Aufstand zu einer starken politischen Auswanderungswelle.

Norditalien herrschte 1898 eine grosse Hungersnot. Im Mai kam es in Mailand zu einem Massenaufstand, der von Truppen unter General Bava Beccaris in einem blutigen Massaker niedergeschlagen wurde. Die Mutter musste das Haus meines Vaters und die Dreschmaschine verkaufen und zog mit uns in das Haus ihres Bruders. Für das Haus hat sie ganze dreihundert Franken bekommen. Von meinen Geschwistern arbeitete Lucia, die zwölf Jahre alt war, bereits als Dienstmädchen in Bellaggio am andern Seeufer. Teresa, die ein Jahr jünger war, und Maddalena, welche zwei Jahre jünger war als Lucia, mussten nun im Nachbardorf Brienno in einer Seidenfabrik Arbeit annehmen. Die Fabrik gehörte einem Schweizer namens Gessner. Sie mussten um sechs Uhr früh mit der Arbeit beginnen, und am Abend um acht hörten sie auf. Dann hatten sie noch eine Stunde Weg im Dunkeln vor sich. Die Strassen waren ja nicht beleuchtet. Diese Ärmsten kamen am Abend, wenn es gut ging, um neun oder halb zehn todmüde zu Hause an. Dann assen sie etwas und gingen so schnell wie möglich zu Bett, weil sie ja am nächsten Morgen um halb fünf wieder aufstehen mussten. Sie verdienten einen Franken pro Tag, eine Lira, und keinen Rappen mehr. Da spricht man immer von den guten alten Zeiten . . . Guerino, mein jüngster Bruder, war beim Tod des Vaters noch keinen Monat alt. Er ist der einzige von meinen Geschwistern, der noch lebt. Er ist Bauer geworden und wohnt immer noch im gleichen Haus.

Die ersten Emigrantenjahre

Etwa ein Jahr später sass ich eines Abends zu Hause herum, als ein grosser Mann zur Türe hereinkam und sich meiner Mutter vorstellte: «Guten Abend Signora, ich bin der «Benpecora» *(Giovanni Botta, aus Lenno)*, der Herr Pfarrer hat mir erzählt, in was für einem Elend Sie leben. Ich kann Ihnen helfen. Geben Sie mir Ihren Sohn mit in die Schweiz; er kann dort unter mir arbeiten.» Meine Mutter wollte nicht mehr aufhören, sich bei ihm zu bedanken: «Endlich jemand, der sich unseres Elends annimmt. Alle sagen, dass Sie ein so gütiger Mensch sind». Das sagte sie natürlich nur, weil ihn der Pfarrer ins Haus geschickt hatte. Mir hielt sie vor, was für ein Glück ich hätte, wenn ich mit dem Benpecora in die Schweiz arbeiten gehen könne: «Du kannst so besser zum Unterhalt der Familie beitragen, und ich habe hier ein Maul weniger zu stopfen». Was waren das für Zustände,

Giovanni Botta

wenn meine Mutter ihrem Kind so etwas sagen musste! So kam es, dass mich Benpecora im Frühling als Bocia mitnahm, nach Wald im Zürcher Oberland.

Es war früher üblich bei den Maurern aus dem Comasco, dass sie sich von jungen Burschen aus bedürftigen Familien oder aus der Verwandtschaft begleiten liessen. Diese arbeiteten für sie als Handlanger und manchmal als halbe Sklaven, konnten aber so das Handwerk lernen.

Benpecora war schon einige Jahre «Paletta» *(Maurer-Vorarbeiter, Polier)* bei Honegger, einer grossen Seidenspinnerei und Weberei mitten im Dorf. Honegger besass noch eine weitere Fabrik in der Hub, die oberhalb von Wald am Berg gelegen ist und eine in Albenga bei Bergamo. In Bergamo hatte er etwa tausend Arbeiter, im Zürcher Oberland waren es zweitausend.

Postkarte aus der Jahrhundertwende

Es gab damals viele Schweizer Fabrikanten, die auch noch Fabriken in Italien betrieben, weil sie dort die Arbeiter noch schlechter bezahlen konnten.

Die Bleiche, so hiess die Fabrik in Wald, stand auf einem grossen, über hundert Meter langen Areal. Sie war in mehreren Bauten untergebracht. Dann gab es dort auch noch die Kosthäuser, in denen Arbeiter wohnten. Ein Kanal floss mitten durch das ganze Grundstück, der ganz unten dann ein Elektrizitätswerk antrieb. Ich arbeitete mal hier mal dort, zwölf Stunden im Tag, sechs Tage in der Woche. Irgendwo wurde immer etwas gebaut, oder dann mussten auch oft irgendwelche Ausbesserungsarbeiten gemacht werden. Wir wohnten in einem «Baraccone», einem Kosthaus zwischen dem Kanal und dem Dorfbach. Auf der anderen Seite des Baches stand eine ausgediente Kegelbahn. Darin mussten die Fabrikarbeiter aus dem Bergamasco leben. Den armen Kerlen hatte man einfach Säcke auf den Boden gelegt, die mit Stroh und Blättern gefüllt waren. Da mussten sie sich einrichten, wie sie eben konnten.

Benpecora kassierte für mich den Lohn, kam aber für alle Spesen auf. Zu essen gab es meistens Minestrone, manchmal auch Polenta mit Salat. Ich musste jeweils eine Stunde früher antreten und für die anderen einkaufen gehen und kochen. Einmal habe ich, ohne viel zu überlegen, ein frisches Brot gekauft. Ich sehe es heute noch vor mir – ein Brot, ein Fuss gross, zwei Kilo schwer. Als ich vom Bäcker zurückkomme, fragt mich dieses Krebsgeschwür von einem Benpecora: «Was hast du da? Frisches Brot? Bring es sofort wieder zurück, hier wird altes Brot gegessen, auch acht Tage altes!» Vom frischen Brot ass man natürlich mehr. Der Bäcker muss sich schön gefreut haben über einen, der ihm das alte Brot abkaufte.

Ein andermal, als ich mich nicht wohl fühlte, bewilligte er mir einen halben Liter Milch, statt der Minestrone: «Aber nicht, dass du dir das angewöhnst! Wenn man euch einen Fingernagel gibt, wollt ihr gleich den ganzen Arm». Dies sagte er natürlich nur, weil die Milch einen Rappen teurer war als die Suppe.

Sonntags arbeitete man nicht, da musste ich am Dorfbach die Wäsche und die Kleider waschen.

Das schlimmste von allem aber war, dass niemand da war, der dich getröstet hat, wenn du traurig warst, dass dir niemand Mut und Zuversicht gegeben hat.

Der Patron, Julius Honegger hingegen, der hatte mich wirklich gern. Trotzdem er Millionär war, war er immer um uns Arbeiter herum. Manchmal half er sogar bei der Arbeit mit, denn er arbeitete gerne mit den Händen.

Einmal, da habe ich, typisch für mich, etwas ganz Dummes angestellt: Ich musste in der Spinnerei etwas an der Decke ausbessern. Da standen Kisten voller Spindeln herum. Ich kümmerte mich jedoch nicht um sie und schaute nur auf meine Arbeit. Dabei ist mir aber eine Menge Wasser in die Kisten getropft, so dass alle Spindeln kaputtgingen. Ich hatte

Julius Honegger

einen Schaden von etwa fünfhundert damaligen Franken angerichtet. Als Honegger hinzukam – er konnte etwas Italienisch – da hat er mich angeschrien: «Cosa fare tu Bianchi, sopra? Was ist jetzt mit dem Schaden? Du hast ja gar kein Geld, um das zu bezahlen!» «Ja», habe ich ihm geantwortet, «ich habe wirklich kein Geld». Nach einer Weile hat er sich dann beruhigt und gemeint: «So, jetzt tun wir, wie wenn nichts geschehen wäre.»

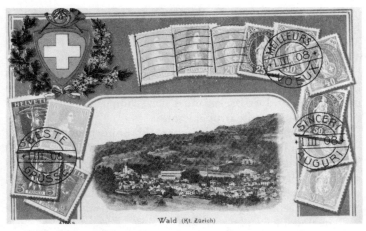

Postkarte von 1908: Wald scheint nur aus den Fabrikationsgebäuden und den Kosthäusern der Firma Honegger zu bestehen.

Ein anderes Mal haben wir sogar zusammen ein Schläfchen gemacht. Das kam so: Wir mussten nachts in der Hub eine Arbeit machen. Ich musste das Pflaster tragen, es war sehr anstrengend, und ich war schrecklich müde. Der Julius half mir beim Pflastermischen. Nach einer Weile sagte er plötzlich: «So Bianchi, ich habe genug. Die andern sollen alleine weitermachen. Wir beide gehen uns jetzt ausruhen». In der Nähe lagen grosse Seidenballen herum, dort hat er sich ein Lager zurechtgemacht und sich schlafen gelegt. Ich liess mir das natürlich nicht zweimal sagen und folgte seinem Beispiel. Aber ich konnte nicht einschlafen, denn der Honegger schnarchte fürchterlich. Dann kamen die anderen Arbeiter hinzu und redeten auf mich ein: «Aber Bianchi, was machst du denn da? Das darfst du doch nicht!» Darob ist der Honegger wieder aufgewacht. Er beruhigte mich: «Nöd lose, du!»

Er hatte nebenbei auch noch einen Bauernbetrieb mit etwa dreissig Kühen. Wenn er nun das Heu einbringen musste, rief er einfach ein paar Arbeiter aus der Fabrik zusammen. Einer der ersten, die dann gerufen wurden, war immer der Bianchi. Ich musste immer an seiner Seite sein, mir gefiel das, ich zog natürlich das Heuen der Arbeit im Betrieb vor.

Im Herbst 1976 besuchten wir das Fabrikareal in Wald. Bianchi: «Siehst du, genau hier sass ich als uns der Vorarbeiter vom Attentat erzählte!»

Nur einmal hat er mich wirklich böse gemacht: Da musste ich über ein schmales Brett auf der Mauer des Fabrikkanals mit einem Schubkarren Pflaster transportieren. Es war wirklich eine schwere Arbeit für einen so kleinen Bocia, die vollbeladene Karrette über dieses schmale Brett zu stossen. So kam es dann auch, wie es kommen musste. Ich verlor das Gleichgewicht und fiel mitsamt Karrette und Pflaster in das reissende, kalte Wasser. Honegger, der mir zuschaute, hat mich ausgelacht und Witze über mich gemacht. Das habe ich ihm nie vergessen. Es war ja wirklich nicht meine Schuld, dass ich für diese Arbeit einfach noch nicht stark genug war.

Julius Honegger teilte sich in die Führung des Betriebes mit seinem Bruder Otto, wobei er sich vorwiegend mit Fragen der Produktion befasste und seinem Bruder die kaufmännische Direktion überliess. Otto wurde von Bianchi bezeichnenderweise nie erwähnt. Da seine Ehe kinderlos blieb, ist es durchaus verständlich, dass sich Julius Honegger etwas intensiver mit dem kaum 15jährigen Pietro abgab, als dass es für eine Persönlichkeit in seiner Rolle allgemein üblich war.

Vor dem «Baraccone», in dem wir wohnten, war eine Bank, auf der wir in der spärlichen Freizeit manchmal zusammen sassen

Das Attentat auf Umberto I. nach einer zeitgenössischen Illustrierten.

und miteinander plauderten. Eines Abends kam ein Vorarbeiter aus der Fabrik herüber, er setzte sich zu uns und erzählte, wie König Umberto I. von Italien von einem Anarchisten ermordet worden sei *(29. 7. 1900)*. Das kam so: Caserio, der nach Amerika ausgewandert war, hat sich dort eine Pistole gekauft und sich dann in seinem Heimatdorf in der Toscana auf das Attentat vorbereitet. Dann ist er nach Monza gegangen, wo irgendwelche Feierlichkeiten stattfanden, an denen der König teilnehmen sollte. Er hat sich unter die Leute gemischt, die den König erwarteten. Er trug einen grossen Blumenstrauss in der Hand, in welchem der Lauf der Pistole versteckt war. Als der König in der

Karosse vorbeifuhr und alle Leute schrien: «Evviva il re!» – Bumm! – hat er geschossen. Das war der Caserio. Wie viele Jahre sind seither vergangen, aber ich erinnere mich, wie ich damals dasass und dem Vorarbeiter zuhörte.

Bianchi vermischt in seiner Erinnerung die beiden Attentate, von Caserio an François Sadi Carnot, Präsident der französischen Republik (1894), und von Bresci an König Umberto I. Er schildert wohl die Tat Brescis, setzt aber Caserio, welcher bei seinem Attentat einen Dolch in einem Blumenstrauss versteckt hatte, an die Stelle Brescis. Vermutlich ist dies darauf zurückzuführen, dass Caserio durch seine Tat in Italien eine grosse Popularität errungen hatte. Dies beweisen schon die vielen Volkslieder, in denen er als heldenhafter Kämpfer wider die Tyrannei besungen wird. Sämtliche überlieferten Volkslieder andererseits, welche Brescis Attentat schildern, zeigen ihn als feigen, hinterhältigen Mörder. Dies, weil Umberto I. in breiten Kreisen des Volkes als «guter König» angesehen wurde, entgegen den Erwartungen Brescis, der seine Tat als Antwort auf die zwei Jahre früher vom König angeordnete blutige Niederschlagung des Mailänder Aufstandes verstanden hatte.

Ende Dezember kam der Tag der Heimreise. Ich hatte insgeheim gehofft, dass es bei dieser Gelegenheit endlich einmal Fleisch zu essen geben würde. Als wir nach der langen Bahnfahrt endlich in Como ankamen *(sie dauerte 11 1/2 Stunden)* und essen gingen, hat sich der Benpecora jedoch gesagt: wenn ich für mich Fleisch bestelle, so muss ich dem Bocia auch welches geben. So hat er zwei Teller Spaghetti zu je 20 Rappen und eine Karaffe Wein für 10 Rappen bestellt; macht zusammen 50 Rappen – und aus war der Traum!

Zu Hause angekommen, hat er meiner Mutter als Lohn für neun Monate Arbeit vierzig Franken ausgehändigt. Sie hat sich noch überschwenglich dafür bedankt. Teresa, meine Schwester, jedoch hat genau nachgerechnet: «Du hast alle vierzehn Tage soundsoviel verdient. Zieh jetzt die Auslagen fürs Essen und die Reise ab, dann hat Benpecora, der ja vorgibt, unserer Mutter zu helfen, zwischen dreihundert und dreihundertzwanzig Franken an dir verdient.» Mit dieser Summe konnte man damals in Lenno ein kleines Haus kaufen. Dieses Krebsgeschwür von einem Benpecora erzählte natürlich überall herum, wie er meiner Mutter geholfen habe. Ich fing jedoch nach dieser Erfahrung an, das Leben etwas kritischer zu betrachten. Ich sagte mir: «Hier kann doch etwas nicht stimmen, das ist doch nicht richtig». Benpecora hat viele Knaben als Bocia mitgenommen und an ihnen verdient. Wenn diese Pest im Winter zu Hause war, schaute er sich bei den armen Familien um. Je ärmer eine Familie war, desto günstiger für ihn. Seinen eigenen Sohn jedoch, den hat er nie mitgenommen, den hat er nach Como geschickt, um zu studieren. Dabei konnten sich dies damals nicht einmal die Rechtsanwälte in Lenno leisten. Auch hat er sich mit dem Geld einen Sitzplatz in der Kirche gekauft, neben all den Notablen und Offizieren, dem «Tirilinchett» und seiner Gesellschaft.

Vor ein paar Jahren erzählte Bianchi, dass Benpecora die vierzig Franken nicht bar auszahlte, sondern in Form von Kleiderstoffen, mit der Auflage, diese bei seiner Schwester, einer Schneiderin, verarbeiten zu lassen.

Damals lebte in Lenno, in einer vornehmen Villa gleich neben der Kirche, ein junges Mädchen – eine dunkelhaarige Schönheit *(Fräulein Guaita)*. Sie war eine gute Katholikin und fleissige Kirchgängerin wie alle in der Gegend. «Baionetta» *(Übername von Don Samuele Ossola)*, der Pfarrer, sprach sie eines Tages an: «Signorina, kommen sie mich in der Sakristei besuchen. Ich habe dort ein wunderschönes Buch, das ich ihnen gerne einmal zeigen möchte». Wir können uns ja schon vorstellen, was er in Wirklichkeit beabsichtigte. Wenn ich so etwas zu einem jungen Mädchen gesagt hätte, so hätte mich dieses doch prompt ins Gefängnis gebracht. Das hätte doch entrüstet protestiert: «Was sind Sie für ein Halunke, ein schlecht erzogener Mensch! Was haben Sie überhaupt für ein Recht, mich derart anzusprechen?» Weil es aber der Pfaffe war, hat

Don Samuele Ossola

Die ehemals der Familie Guaita gehörende Villa in Lenno

sie sich nichts dabei gedacht und ist hingegangen. Sie hat geklopft: «Permesso?» «Avanti!» und ist eingetreten. Da war in einer Ecke ein Sofa. Baionetta hat auf sie eingeredet und sie dabei immer mehr in Richtung des Sofas gedrängt, bis sie nicht mehr ausweichen konnte, sich darauf setzen musste und sich kaum noch bewegen konnte. Als er dann versuchte weiterzugehen, hat sie ihm jedoch Einhalt geboten: «Sie haben mir eine Falle gestellt! Jetzt habe ich verstanden, was sie von mir wollten! Aber sie haben die Rechnung ohne mich gemacht. Wenn ich nämlich mit einem jungen Mann gehen will, so suche ich mir einen aus, der mir auch gefällt. Von heute an will ich mit der katholischen Kirche nichts mehr zu tun haben!»

Dann ist sie nach Como auf die «Camera del lavoro» gegangen *(Arbeiterkammer, damals sowohl politisches wie gewerkschaftli-*

ches Zentrum der Arbeiterbewegung einer Region). Dort erklärte sie, dass sie in die sozialistische Partei eintreten wolle. Dies war kein leichter Entschluss, denn die Sozialisten galten damals noch als gefährliche Subversive wie zum Beispiel heute noch die Anarchisten. Dann hat sie auch noch gefragt, ob man ihr einen Redner nach Lenno schicken könne, sie möchte in ihrer Villa eine Versammlung organisieren. Nach Lenno zurückgekommen, hat sie mich auch zu dieser Versammlung eingeladen, weil sie wusste, dass ich die Pfaffen auch nicht ausstehen konnte. Wir waren etwa zwanzig junge Leute. Die meisten arbeiteten während der Saison in Deutschland und wussten gewisse Dinge schon, weil ja damals die Arbeiterschaft in Deutschland die stärksten Organisationen hatte.

Der Baionetta hat von dieser Versammlung erfahren. Er rief seine Schafe in der Kirche zusammen und hielt ihnen eine wütende Predigt: «Brüder, lasst euch nicht verführen, denkt an die Jahrtausende zurück, in denen wir in Ruhe und Frieden gelebt haben. Macht es wie eure Vorfahren, welche die Kirche jahrhundertelang nie verraten und den Glauben verteidigt haben. Seid wachsam, und tut eure christliche Pflicht!» Die Leute sind nach Hause gerannt und haben Ketten, Heugabeln, Hacken und Pfannendeckel geholt. Dann haben sie sich vor der Villa versammelt und ein Höllenspektakel veranstaltet. Teresa, meine bigotte Schwester, war auch dabei. Sie wusste natürlich, dass ich an der Versammlung in der Villa teilnahm, denn die hat immer auf mich aufgepasst. Von den Teilnehmern sind dann alle wieder emigriert, denn im Dorf wurden sie nicht gern gesehen. Das Mädchen blieb natürlich, aber bei ihr war es ja auch anders, denn sie war eine Reiche. Aber soviel ich weiss, ist sie Sozialistin geblieben und nie wieder in die Kirche gegangen.

Teresa Bianchi mit der Mutter

Es gibt verschiedene Hin-

weise dafür, dass sich die Aktivität von Fräulein Guaita nicht im Organisieren einer einmaligen Veranstaltung erschöpfte, sondern dass sie vielmehr, als eine Pionierin des Sozialismus in ihrer Gegend, sich hauptsächlich mit der allgemeinen und politischen Schulung der, sich langsam aus der bäuerlichen Umgebung bildenden Arbeiterklasse, befasste. Unter ihrem Einfluss scheint auch Pietro Bianchi lesen und schreiben gelernt zu haben. Der im folgenden Frühjahr auf ihn ausgestellte Pass ist, wenn auch noch etwas unsicher, bereits mit seinem charakteristischen Schriftzug unterschrieben.

Im folgenden Frühling kam Benpecora mit einem anderen Bocia in Wald an. Ich wollte nichts mehr von ihm wissen. Honegger aber machte ihm klar, dass er nicht einverstanden sei. «So lange der Bianchi nicht hier ist, arbeitet ihr auch nicht!» Da sandten sie mir ein Telegramm, ich solle sofort kommen. Ich besorgte mir in Como einen Pass und reiste den andern nach. Von da an war ich jedoch unabhängig von Benpecora. Den Lohn, etwa zwei Franken fünfzig pro Tag, konnte ich jetzt selber empfangen. Ich blieb dann noch drei Saisons als Pflasterträger in der Bleiche. Nachher wechselte ich zu Baumeister Emil Strehler, auch in Wald. Bei ihm konnte ich bereits als Maurer arbeiten. Paletta war dort ein gewisser Rava, der auch aus Lenno kam.

In all diesen Jahren arbeitete ich während der Wintermonate weiterhin bei Cetti. Seinem Sohn habe ich dabei einmal unfreiwillig das Leben gerettet. Es war, als wir in Lenno die Apotheke bauten. Cettis Sohn, ein Bocia von etwa zehn bis zwölf Jahren, arbeitete oben auf dem Gerüst. Er verlor das Gleichgewicht und stürzte herab, als ich gerade unten stand. Er fiel mir voll auf den Kopf, aber durch meinen harten Schädel habe ich ihm das Leben gerettet.

Es gab auch zu Hause immer wieder etwas zu tun, einen neuen Kamin einbauen oder die Zimmer herrichten. Es war nicht so, dass ich im Winter drei Monate Ferien gehabt hätte.

In jenen Jahren plauderte ich eines Abends mit ein paar jungen Leuten aus dem Dorf. Ein Wort gab das andere, und einer machte mir den Vorschlag, anderntags als Träger beim Schmuggeln mitzumachen. Ich dachte mir nicht viel dabei und willigte ein. Am folgenden Tag stiegen wir über den Berg nach Arogno ins Tessin hinüber. Dort haben wir in einer Kneipe herumgeses-

Die erste Seite des am 28. März 1901 ausgestellten Passes. Die letzte amtliche Eintragung darin stammt vom 28. Mai 1920

Postkarte um 1906. Die Strecke wurde am 1. Oktober 1910 eröffnet

sen und die Dunkelheit abgewartet. Die Wirtin, eine Frau von etwa siebzig Jahren, hat mich dabei beobachtet und mich angesprochen: «Was machen Sie hier? Sind Sie etwa mit diesen Typen zusammen?» «Ja, die haben mich mitgenommen». Da meinte sie: «Sehen Sie denn nicht, dass Sie wie ein Fisch ohne Wasser sind? Das ist doch nichts für Sie! Hören Sie, helfen Sie mir, diese Weinflaschen hier in den Keller zu tragen, und ich gebe Ihnen für heute nacht ein Zimmer. Sie übernachten hier und gehen morgen in aller Ruhe wieder nach Hause. Glauben Sie mir, Sie werden es nicht bereuen!» Mir war schon nicht sehr wohl dabei, aber ich dachte mir, wenn ich jetzt nicht mitgehen lacht morgen das ganze Dorf über mich. Es würde dann heissen: «Habt ihr den Bianchi gesehen? Zuerst hat er ein grosses Maul, und kaum ist es soweit, kriegt er Angst!» Deshalb habe ich ihren Rat nicht befolgt und bin mit den anderen, als es dunkel wurde, aufgebrochen. Aber es ist zu einem Desaster geworden. Die Zöllner hatten von der Sache Wind bekommen und uns eine Falle gestellt. Dabei ist es zu einem Schusswechsel gekommen. Ich dachte nur noch an meinen Onkel, warf die Traglast weg und rannte so schnell ich konnte nach Arogno zur alten Wirtin zurück. Die lachte mich aus: «Ich habe es Ihnen ja gesagt, Sie taugen nicht zu Schmuggeln». Sie hatte recht, beim Schmuggeln ist es wie bei jedem Beruf, man muss dazu fähig sein – ein Schmuggler muss grob und ungehobelt sein!

1905 vermittelte mich Baumeister Strehler an die Baustelle des Rickentunnels und im Jahr darauf an einen Kollegen in Küsnacht am Zürichsee, der dort beim Bahnhof eine riesige Stützmauer in Auftrag hatte.

In Zürich

Als ich das erste Mal nach Zürich kam, fuhr noch das Rössli-
tram.
Hier fand ich meine erste Arbeit 1907 bei Baumeister Noli, der
aus der Valle d'Intelvi stammte. Er führte einen Teil der Bauar-
beiten an den SBB-Werkstätten beim Güterbahnhof aus und
beschäftigte fast ausschliesslich Arbeiter aus meiner Gegend.
*Vier Landsleute Bianchis, die bei Baumeister Noli auf dieser
Baustelle angestellt waren, erlitten am Samstag, dem 2. Mai
1908, um 18.00 einen Unfall, weil beim Gerüstbau ein morsches
Holzstück verwendet worden war. Aus dem Polizeirapport geht
hervor, dass die vier Maurer mit Fr. 0,61–0,62 pro Stunde bezahlt
wurden.* Ich bin durch Vermittlung eines Kollegen aus einem
Nachbardorf zu Noli gekommen, der schon früher für ihn gearbeitet hatte. Dieser Kollege war derart aufs Geld versessen, dass
er kaum genügend ass. Als wir in jenem Frühjahr in Zürich
ankamen, begrüsste ihn der Noli: «So, du ‹Crumiro› *(Streikbre-*

Zürich 1910: Betriebsübergabe der SBB-Reparaturwerkstätte

cher), bist du wieder da?» Es ist doch schon ein schlimmes Zeichen für einen Arbeiter, wenn er vom eigenen Chef als Streikbrecher tituliert wird!

Noli vermittelte mir auch mein erstes Zimmer hier in Zürich, bei Frau Hofstetter an der Magnusstrasse 22 in Aussersihl. Sie war Witwe und von Beruf Glätterin. In der Saison vermietete sie alle verfügbaren Betten an Italiener. Auch ich musste das Zimmer mit einem andern teilen.

Damals wurden in der Schweiz über das Wochenende oft irgendwelche Turnmeisterschaften abgehalten, mal hier, mal dort, in Bern oder Basel und so. Am Sonntagabend kehrten dann die Turner jeweils nach Zürich zurück und stellten sich beim Bahnhof in Reih und Glied auf. Alle in weissen Kleidern, die einen trugen einen Kranz um den Kopf, vorn die Fahne, neben ihr ein Trommler. Dann marschierten sie – bäräbämm–bäräbämm – ab in ihr Stammlokal. Eines Abends kehrte auch wieder eine solche Gruppe in ihr Lokal zurück, das irgendwo an der Josef- oder Heinrichstrasse lag, und setzte sich an ihren Stammtisch. Im Restaurant sassen auch sieben oder acht aus der Romagna, die etwas angetrunken und entsprechend streitsüchtig waren: «Porcamadonna, ich habe keine Angst vor denen, in ihren weissen Kleidern.» Ein Wort gab das andere, plötzlich entstand eine fürchterliche Schlägerei, bis dann zwei der Romagnoli ihre Messer zogen, zwei Turner niederstachen und flüchteten. Da war in Zürich der Teufel los: alle Italiener, welche sie erwischen konnten, wurden zusammengeschlagen. Die Tessiner rannten nach Hause und zogen ihre Militärklamotten an, damit sie keine Prügel kriegten.

Mit dem ersten ersparten Geld kaufte ich mir ein *(Renn-)* Velo. Ich trat der «Unione

Zürich 1913: Die erfolgreiche Mannschaft der USZ. Bianchi 2. von links.
Vordere Seite: Verbandsausflug italienischer Radsportvereine in der Schweiz
(8. 6. 1913 in Olten). Bianchi 3. von rechts in der mittleren Reihe

Sportiva Zurigo» bei, deren Sitz im Restaurant «da Vittorio» an der Kanonengasse war.

Sonntags machten wir oft Ausflüge mit dem Fahrrad und manchmal nahmen wir auch an sportlichen Veranstaltungen teil, vor allem an Mannschaftsrennen. In der Unione Sportiva lernte ich Zerbi kennen, auch ein Maurer aus dem Comasco. Er war

etwas älter als ich und kam schon länger nach Zürich arbeiten. Zerbi hat mich zum Eintritt in die Muraria bewegt, die Gewerkschaft der italienischen Bauarbeiter in der Schweiz. Er hat mich auch im Restaurant «Cooperativo» eingeführt, welches zu jener Zeit gegründet worden war. Dezza war damals zum ersten Male Gerant des Lokals.

Die Unione Sportiva Zurigo (USZ) entstand 1910 durch eine Spaltung aus dem einige Jahre älteren italienischen Radsportclub «Aquila».

Bianchi war zusammen mit vier weiteren aktiven Fahrern im Oktober 1911, also zu Ende der Radsportsaison, in die USZ eingetreten und dort sofort in die Spitzenmannschaft eingegliedert worden; eine Mannschaft, die bereits 1913 an der Schweizer Meisterschaft im Mannschaftsfahren den 5. Platz belegen sollte. Daraus kann man schliessen, dass Bianchi in den ersten Jahren bei «Aquila» aktiv war und der Übertritt erfolgte, als sich die Möglichkeit abzeichnete, in der USZ eine erfolgreiche Mannschaft aufzubauen. Die USZ hatte im übrigen einen betont proletarisch-sozialistischen Charakter, sie trat beispielsweise als Kollektivmitglid in die Università Popolare ein und verpflichtete ihre Mitglieder, deren Veranstaltung zu besuchen.

Stammlokal der USZ war ursprünglich, das Restaurant Arlberg an der Kanonengasse 29, bis es anfangs der zwanziger Jahre mit der Wirtefamilie Lonardi in das gegeüberliegende Restaurant Zwingli wechselte.

Es ist anzunehmen, dass sich Pietro Bianchi über den Kontakt mit Fräulein Guaita, in der Camera di Lavro in Como eingeschrieben hatte und über diese in die «Lega Edile Intelvese» eingetreten war, ein damals bedeutender Verein, der die aus der Intelvi-Gegend stammenden klassenbewussten Bauarbeiter in der Region Zürich zusammenfasste. Einen Hinweis darauf findet sich in den im Schweizerischen Bundesarchiv aufbewahrten Akten über den Streik der italienischen Bauarbeiter von 1906 in Zürich. Damals wurde bei einer Haussuchung in Zürich dem aus der gleichen Gegend stammenden Aktivisten Mosé Telo verschiedene Unterlagen beschlagnahmt, aus welchen hervorgeht, dass Telo, zusammen mit einem Luigi Zerbi aus Cermenate bei Como, auf den Baustellen in der Umgebung Zürichs Unterstützungsgelder für die in der Stadt streikenden Italiener sammelte. Auf einer als Wahlliste von Schignano (Valle d'Intelvi) getarnten Sammelliste hatte der damals in Küsnacht arbeitende Pietro Bianchi eine Spende von 90 Rappen gezeichnet, was etwa zwei bis drei damaligen Stundenlöhnen entsprach.

Das Cooperativo war ursprünglich an der Zwinglistrasse 35. Dort ist auch heute noch ein Restaurant *(Ochs)*, aber ich gehe da nicht mehr hin, denn wenn man da jetzt hineinschaut, ist alles im Dunkeln, und wenn in einem Restaurant alles im Dunkeln ist, so bedeutet das: «Liberté, fraternité pour faire l'amour. C'est comme ça!» Das alte Cooperativo hingegen war ganz einfach. Ein Teller Spaghetti, eine gute Portion, kostete wenige Rappen.

Zur Gründung kam es so: Es gab eine Gruppe italienischer Sozialisten im Seefeld, eine andere in Oberstrass und eine dritte hier in Aussersihl. Am Sonntagmorgen lautete dann jeweils der Tagesbefehl, sich alle zusammen in irgendeinem Restaurant zu treffen, um zu diskutieren. Da musste oft Wein oder Bier in den nüchternen Magen konsumiert werden. Schievano, ein Maurer aus dem Veneto, hatte an der Zwinglistrasse dieses Restaurant übernehmen können. Eines Tages machte er einen Vorschlag: «Ich verzichte auf das Restaurant. Wir gründen zusammen eine Genossenschaft und führen es nach sozialistischen Grundsätzen!» Der Vorschlag wurde angenommen und das Cooperativo gegründet. Mitglied konnten nur Italiener werden, die in der Gewerkschaft und in der Sozialistischen Partei eingeschrieben waren. Der Genossenschafts-Anteil betrug zehn Franken. Dies war so geregelt, um den sozialistischen Charakter des Restaurants zu gewährleisten. Die Genossenschafter hatten die Pflicht, im Betrieb mitzuarbeiten, um die Kosten niedrig zu halten. Es durfte auch kein Profit gemacht werden. Was am Jahresende übrigblieb, wurde zur Unterstützung der politischen Arbeit verwendet. So konnten die Preise auf einem Minimum gehalten werden, und es gab keinen Konsumationszwang mehr. Schievano nahm seinen Beruf als Maurer wieder auf, als Gerant wurde der Dezza eingesetzt.

Nach den Statuten war das Cooperativo Teil der lokalen Sektion des Partito Socialista Italiano, deren leitender Ausschuss faktisch auch seine Geschäftsführung betrieb. Die Genossenschaft übernahm das Restaurant Zwinglihof auf den 1. Januar 1906 und wählte Luigi Schievano zum ersten Geranten. Vermutlich mitentscheidend für seine Wahl war, dass er seit 1900 mit einer Deutsch-Schweizerin verheiratet war, was den Umgang mit Behörden, Lieferanten und deutschsprachigen Gästen leichter machte. Die Frau scheint über die  *neue Aufgabe nicht sehr glücklich gewesen zu sein. Sie nahm bereits nach wenigen Wochen vorübergehend anderswo ein Zimmer in Untermiete. Die Wirtschaftspolizei beurteilte am 29. März das Petentgesuch negativ:* «Aus dem von Detektiv Essig über den Petenten und dessen Ehefrau erstatteten Bericht ist zu schliessen, dass die Eheleute Schievano die für den Betrieb einer ordentlichen und ehrbaren Wirtschaft nötige Gewähr nicht bieten.» *Dem nächsten Gesuchsteller, Antonio Vergani, wurde das Patent am 7. September erteilt. Auf Ende Jahr wurde er jedoch als angeblicher Rädelsführer im Streik der italienischen Maurer ins «Anarchisten-Verzeichnis» aufgenommen und des Landes verwiesen, obwohl er vergeblich auf seine neue Tätigkeit hinwies und jegliche Beteiligung am Streik bestritt. Enrico Dezza erhielt das Patent am 4. Januar 1907 und behielt es etwas über zwei Jahre, bis er 1909 ein eigenes Lebensmittelgeschäft eröffnete.*

Das ehemalige Restaurant Pilatus, zweiter Sitz der Cooperativa

Das Cooperativo verlegte seinen Sitz am 1. Januar 1910 ins Restaurant Pilatus an der Langstrasse und am 1. Oktober 1912 ins Restaurant Konkordia, Militärstrasse 36.

Im Cooperativo konnte auch ein Sitzungssaal und eine kleine Bibliothek eingerichtet werden. Armuzzi hatte die «Università popolare» gegründet, die regelmässig Vorträge zu den verschiedensten Themen veranstaltete. An einen seiner Vorträge kann ich mich noch erinnern. Damals herrschte ja noch diese dumme Gewohnheit, vor allem unter den Romagnoli, bei jeder Gelegenheit das Messer zu ziehen. Armuzzi, der auch ein Romagnolo war, hielt eines Abends eine Brandrede gegen diese dumme Sitte. Als er dann spät nachts in Richtung Konradstrasse nach Hause gehen wollte, wurde er in der Dunkelheit von erzürnten Landsleuten überfallen und niedergestochen. Statt etwas aus dem Vortrag zu lernen, sind diese ungebildeten Halbwilden noch beleidigt gewesen! Armuzzi hat der «Università popolare» viele Jahre lang Räume an der Feldstrasse gemietet.

Domenico Armuzzi

Natürlich kamen auch viele Leute ins Copi, die keine wirklichen Sozialisten waren, und die den ganzen Sonntag, ohne zu konsumieren, an den Tischen sassen und um Geld Karten spielten. Darum ist dann auch das Kartenspielen für lange Zeit verboten worden.

Manchmal kam abends ein blinder Musiker, ein schöner junger Mann, der dann auf dem Klavier ein paar Arien von Verdi und anderes spielte. Weil er in grosser Armut lebte, bekam er für seine Kunst etwas zu Essen und kleinere Trinkgelder. Einmal erledigte ich für ihn aus Gefälligkeit eine kleine Besorgung. Da erzählte mir der arme Kerl, dass er in seiner Einsamkeit oft an Selbstmord denke.

Im Cooperativo befreundete ich mich mit dem Bezio, einem Schirmmacher aus dem Piemont, es war ein ganz toller Kerl! Eines Tages sagte er mir: «Du Bianchi, ich finde, du solltest in die Sozialistische Partei eintreten. Wir brauchen solche Proletarier, wie du einer bist.» Er hat mich überzeugt, und ich bin in die Partei eingetreten *(vermutlich 1907 mit 22 Jahren)*.

Carlo Bezio

Als ich Ende Saison nach Lenno heimkehrte, habe ich natürlich nicht verheimlicht, dass ich in die Sozialistische Partei eingetreten war. Meiner Mutter machte es nicht viel aus. Da sie nur Beten und Arbeiten kannte, wusste sie ja kaum, was das bedeutete. Aber mit meiner bigotten Schwester, der Teresa, die jeden Samstag beichten ging, mit der hat es furchtbaren Streit gegeben.

Hinterher ist sie zum Pfaffen gerannt: «Ich habe einen Bruder, der Sozialist geworden ist!» Und der Baionetta antwortete ihr: «Sie haben eine sakrosankte Pflicht. Sie müssen ihren Bruder in den Schoss der Kirche zurückbringen. An dem Tag, an dem Sie diese Pflicht erfüllt haben, wird es eine grosse Ehre sein für Sie, eine Ehre auch für mich, aber vor allem eine ganz grosse Ehre für Ihren Bruder!» Nun, diese Ehre habe ich bis heute nicht erfahren und meine Schwester ist seit über dreissig Jahren tot.

Als ich im Winter eines Abends zu Hause sass, forderte mich meine Mutter auf, bei einer Nachbarsfamilie ein Paket abzuge-

Bild Bianchis für die Lieben zu Hause

ben. Ich ging hinüber und klopfte an: «Avanti! Ah, der Poeta, wie nett, dass Sie auch mal wieder vorbeikommen. Setzen Sie sich da hin.» Ich dachte mir nichts Böses dabei. Als ich eintrat, sass die ganze Familie mit so sieben oder acht Kindern beisammen. Aber kaum hatte ich mich gesetzt, waren alle verschwunden. Zurück blieb nur ein junges Mädchen, das am Tisch bei einer Näharbeit sass. Es fing eine Konversation mit mir an und fragte mich beiläufig: «Bist du schon beim Missionar beichten gegangen, der gerade hier in Lenno predigt?» Über Dümmeres kann man schwerlich reden. Die Leute werden doch schon genügend vom Dorfpfaffen verblödet, was braucht es da noch einen Missionar. «Nein, ich wusste gar nicht, dass einer hier ist!» antwortete ich ihr. «Er bleibt noch bis nächsten Sonntag, du kannst ihn immer noch besuchen», erwiderte sie. Gut, das hatte sich also erledigt. Nach einer Weile sagte ich dann: «So, jetzt muss ich wieder nach Hause!» Da fragte sie mich, ob ich sie am folgenden Samstag wieder besuchen komme, was ich bejahte. Wie ich dann am nächsten Samstag wie abgemacht bei ihr eintrat und mich setzte, fragte sie mich jedoch als erstes: «Hast du den Missionar jetzt besucht?» Da stand ich gleich wieder auf und entgegnete: «Nein, ich habe ihn nicht besucht. Es scheint mir aber, dass es nicht gerade gut anfängt zwischen uns!» Dann nahm ich meinen Hut und ging. Die hat mich bis heute nicht wiedergesehen. Ein anderer hätte vielleicht eine Ausrede gefunden, hätte gesagt: «Du musst entschuldigen, ich hatte viel zu tun und war verhindert. Ich kann ja morgen noch hingehen.» Aber ich sagte ein für allemal: «Basta!»

Don Ossola, der Dorfpfarrer, hat nicht nur beständig versucht, Bianchis Familie gegen den «Ketzer» aufzubringen. Es gelang ihm sogar, Bianchis Verlobte zu veranlassen, das Verhältnis zu lösen. Dies scheint Bianchi schwer zu schaffen gemacht haben und prägte seinen unerbittlichen Antiklerikalismus sicher weitgehend mit.

Es kam oft vor, dass ich in Lenno am einen oder andern Haus vorbeikam, in dem ein junges Mädchen wohnte und ich eingeladen wurde: «Hei Poeta, komm doch auf einen Schwatz zu uns herein!» Aber ich hütete mich, auf die Einladung einzugehen, denn wenn du einmal mit einem Mädchen ins Gerede kamst, riskiertest du in der Falle hängenzubleiben.

Fand eine Heirat statt, wurde man im Haus der Braut zu einem kleinen Imbiss eingeladen: Salami, Käse und ein bisschen Wein. Wenn dabei zwei zusammen zu sitzen kamen, waren sie verpflichtet, den ganzen Tag zusammen zu bleiben. Man durfte nicht mehr wechseln und etwa mit einer anderen plaudern. Um «Geschichten» zu vermeiden, trat ich immer als letzter ein, wenn schon alles kombiniert war, wenn der Giovanni bei der Maria sass und die Anna mit dem Giuseppe. Ich warf mich dann auf irgendeinen Alten, meist war es mein Onkel mit dem Holzbein, und blieb in der Neutralität. So konnte ich mich heraushalten und ich blieb frei!

Man darf nicht vergessen, dass die Menschen vor siebzig Jahren in diesen Dörfern noch primitiv wie halbe Tiere waren. An einer Hochzeit zwischen einer Familie Cadenazzi und einer Familie Bordoli habe ich erlebt, wie einer ausrief: «Evviva i Cadenazzi!» Ein anderer antwortete: «Evviva i Bordoli!» Sie gingen auf einander los, es kam zu einem halben Massaker. Ein schöner Anfang für das junge Paar! In so etwas wollte ich mich nicht hereinziehen lassen. Bei mir «c'est tout terminé» aber ich spreche oft mit jungen Mädchen in der Cooperativa. Man kann mit ihnen scherzen und lachen, sie können aber auch ruhig und ernsthaft sein. Sie interessieren sich für das, was in der Welt vorgeht und haben eine eigene Meinung. Sie sind einfach auf der Höhe. Aber die Mädchen damals in unsern Dörfern waren zum Erbarmen. Sie kannten nichts anderes als leeres Geschwätz: «Du, heute habe ich die Maria gesehen ... Ach ja! Die Lucia habe ich auch gesehen ... ist nicht wahr!» So konnten sie Stunden zusammen verbringen. Sie kannten auch gar nichts anderes. Man musste Erbarmen mit ihnen haben!

Da ich am Bau des Rickentunnels mitgearbeitet hatte, bin ich ein paar Jahre später an ein Fest eingeladen worden, das bei Uznach organisiert worden war *(vermutlich 1908 beim Durchstich)*. Anfangs war es ganz lustig, es wurde gegessen und getrunken, gelacht, gesungen und Musik gemacht, wie üblich an solchen Feiern. Die Italiener waren natürlich wie immer unter sich. Aber als die Musik einmal einen Moment pausierte, stand so ein rückständiger, ungebildeter Veneto auf, so ein angefaulter Katholik, der vermutlich auch noch betrunken war und stimmte ein wüstes reaktionäres Spottlied über Mazzini und Garibaldi an. Das hätte er besser nicht gemacht – einen Moment lang hörten alle zu, doch dann kam es zu einer der schlimmsten Schlägereien, die ich je gesehen habe.

Das war damals so und ist heute nicht anders mit den ungebildeten Dörflern aus diesen rückständigen Gegenden. Die kennen nur eines, am Tag krampfen sie wie die Ochsen und abends sitzen sie zusammen, möglichst alle aus dem gleichen Dorf, spielen Karten oder noch schlimmer Mora *(altes italienisches Fingerspiel)*, besaufen sich dabei und streiten sich am Schluss. So läuft das Tag für Tag, die ganze Saison lang. Die Frauen bleiben im Dorf zurück, wo der Pfaffe mit ihnen machen kann, was er will. Es sind ja kaum noch andere Männer da, und zudem ist er der einzige, der ohne aufzufallen, in jedes beliebige Haus eintreten kann. Im Winter, wenn die Männer wieder nach Hause kommen, erwartet sie der Pfaffe: «Ach sieh mal an, der Beppi, bist du auch wieder da? Wie ist es dir ergangen, hast du ein gutes Jahr gehabt und bist du auch immer brav zur Messe gegangen?» «Jaja, Hochwürden, Gottseidank! Hier nehmen Sie 20 Franken, lesen Sie mir eine Messe, weil alles gutgegangen ist!» Dann hocken sie drei Monate in der Kneipe herum, spielen Karten und saufen, bis der Frühling kommt und sie wieder abreisen, und der

Pfaffe mit den Frauen wieder machen kann, was er will. Die unternehmen überhaupt nichts, um sich ein bisschen zu emanzipieren, weder hier noch zu Hause. Darum bleiben sie auch weiterhin unter der Kontrolle der Pfaffen.

In Casanova lebte die Familie des «Manetta», *(Luigi Bordoli)*, auch so arme Leute, mit sieben oder acht Kindern. Eines Tages sprach mich der Vater auf der Strasse an: «Poeta, wir wissen nicht mehr ein und aus. Tue mir einen Gefallen, nimm mir meinen Buben mit, wenn du im Frühjahr wieder nach Zürich gehst.» So hatte ich jetzt auch einen Bocia, und Ende Saison hatte er etwa gleich viel verdient, wie für mich bei meinem ersten Jahr in Wald hätte herausschauen sollen.

«Gibs dem Pfaffen!» – gewerkschaftliche Schrift gegen die Bonomelliana

Ende Jahr, als ich mit dem Vater abrechnete, dachte ich an meine Erfahrungen mit Benpecora und verzichtete darauf, etwas davon für mich abzuziehen. Der Vater wurde fast verrückt vor Freude. Auch seine Frau wusste nicht, wie sehr sie mir danken sollte, wenn sie mir auf der Strasse begegnete. Es war mir richtig peinlich, ich wich ihr aus, wo ich nur konnte und traute mich kaum noch auf die Strasse.

Hier in Zürich waren damals ganz harte Zeiten. Da standen manchmal morgens bis zu dreissig Arbeiter bei einer Baustelle an. Wenn der Polier mit nach hinten geschobenem Hut, eine Zigarre im Mund, die Hände unter die Hosenträger geklemmt und mit wichtigem Getue die Gerüsttreppe herunterschritt, umringten sie ihn demütig, mit dem Hut in der Hand: «Losedsi, ich ha drei Söhn ohni Arbet und s'Geld isch uusgange. Löndsi doch bitte wenigschtens eine schaffe, damit mer öppis verdiene chönd und öppis z'ässe händ!» Da antwortete der Polier dann gnädig:

«Jaja, löndsi emal eine da!» Am Abend aber nahm er den Meter in die Hand und mass die Arbeit ab: «Häsch nüd vill gmacht hüt, das chan ich nöd bruuche. Muesch scho meh schaffe, weisch, da une hätts na anderi driissg, wo Hunger händ.» Er konnte jeden einfach zum Teufel jagen, wenn er ihm nicht passte.

Hier muss ich von meiner grossen Genossin und Lehrerin Angelica Balabanoff erzählen. Man sagt, sie sei die Tochter eines Bruders des Zaren gewesen und sie habe aus Russland flüchten müssen, nachdem sie, als ihr Onkel einmal eine Rede vor allen grossen Tieren des Landes gehalten hatte, aufgestanden sei und ausgerufen habe: «Was mein Onkel euch gerade erzählt hat, das sind alles Lügen!» Sie ist dann nach Italien studieren gegangen und dort in die Sozialistische Partei eingetreten. Sie war auch lange hier in der Schweiz, als Lehrerin für die italienischen Proletarier. So habe ich sie auch kennengelernt, sie kam immer ins Cooperativo, wenn sie in Zürich weilte. Natürlich verkehrte sie nicht nur mit uns, denn sie sprach zwölf Sprachen perfekt. So kam sie manchmal mit Brupbacher, Platten oder einem anderen Schweizer Genossen ins Copi. Auch gab es damals viele politische Emigranten aus anderen Ländern hier in der Schweiz. Italienisch sprach sie wie eine geborene Italienerin. Einmal als ich sie nach einem Vortrag, zusammen mit Biagini vom Limmatplatz nach Hause begleitete, fragte ich sie: «Wieso liegen dir die Italiener so am Herzen?» Sie antwortete: «Caro compagno Bianchi, ich habe gesehen, wie diese ‹Poveracci›, diese armen ‹Chaiben› hier leben müssen. Wie sie mit fast keinem Geld in der Tasche hier in die Schweiz kommen, keine Arbeit finden und sich nicht zu helfen wissen. Da habe ich begriffen, dass es meine Aufgabe ist, diesen Leuten zu helfen.» Politisch war sie immer eine Maximalistin. *Im PSI waren seit der Gründung 1893 zwei rivalisierende Grundströmungen vertreten, eine reformistisch-parlamentarische, welche, mit Exponenten wie Turati, Treves, Bissolati usw. bis zum Parteikongress von 1912 vorherrschte; eine radikal-revolutionäre, marxistische, deren Vertreter, u. a. Balabanoff, Mussolini, Serra-*

Angelica Balabanoff

Lugano 1903–06: A. Balabanoff gibt eine sozialistische Frauen-Zeitung für italienische Arbeiterinnen in der Schweiz heraus

ti die Parteileitung ab 1912 übernahmen. Es waren vorwiegend Maximalisten, die sich der Emigration annahmen, in der sie andererseits eine starke Basis hatten.

In Winterthur haben in jenen Jahren die Bauarbeiter einmal über ein Jahr lang gestreikt. Ich kann mich nicht an einen längeren Streik erinnern. Auch in Zürich kam es immer wieder zu Streiks. So für die Einführung des Neunstundentages und um ein–zwei Rappen mehr Lohn. Bei Noli arbeitete ein Handlanger aus Bergamo namens Susanna. Er war ein grosser Trinker, aber auch ein hervorragender Arbeiter, so dass er mehr verdiente als mancher Maurer. Es war ein einfacher Kerl wie ich, die Bezahlung ist ihm nicht in den Kopf gestiegen. Die Arbeiten wurden durch einen griechischen Ingenieur geleitet. Einmal musste Susanna ein grosses Loch graben. Nach einer Weile kam der Grieche vorbei und fragte, wann er mit der Arbeit fertig sei? «Das Loch wird fertig sein, wenn ich mit den geleerten Flaschen einen Kreis darum gezogen habe!» antwortete Susanna und hielt Wort. Als nun der Streik angekündigt wurde, erklärte Susanna: «Ich mache auch mit!» Der Grieche sprach auf ihn ein: «Was willst du streiken, wo du doch besser bezahlt bist als die Maurer?» «Aber

Generalstreik in Zürich am 12. 6. 1912. Die Kundgebung vor dem Volkshaus

das sind meine Kollegen, nicht Sie!» entgegnete Susanna. «Ihre Kollegen sind die Baumeister!» *Es kann sich hier um einen der zahlreichen kleinen Streiks gehandelt haben, die Bianchi in seinen ersten Jahren in Zürich mitgemacht hat. Wie dem Rechenschaftsbericht der Generaldirektion der SBB vom 26. April 1909 zu entnehmen ist, wurde im Jahre 1908 der Kredit für den Bau der neuen Werkstätte in Zürich massiv überschritten weil: «... infolge verschiedener Streiks die Arbeiten im Jahre 1907 nur wenig gefördert werden konnte, was die Unternehmer veranlasste, das Versäumte so viel wie möglich im Jahre 1908 nachzuholen.» Es kann sich aber auch um den grossen Maurerstreik vom 30. April bis 22. Mai 1911 handeln. Damals streikten rund 6000 Bauarbeiter, was den Zürcher Regierungsrat zu äusserst brutalem Eingreifen veranlasste. Er liess Infanterie- und Kavallerie-Einheiten zur Verstärkung der Polizei aufbieten. Rund 1200 Italiener wurden kurzerhand in einem Extrazug nach Mailand verfrachtet. Der Streik, bei dem es hauptsächlich um Neunstundentag, Minimallohn, Unfallprämien und Krankenversicherung ging, musste erfolglos abgebrochen werden.*
Wie viele Solidaritäts- und Protestveranstaltungen zu Gunsten politisch verfolgter Spanier ich hier in Zürich erlebt habe, kann ich nicht aufzählen, ich weiss nur, dass ich keine ausgelassen habe. Die früheste, an die ich mich erinnern kann, wurde veran-

staltet, als Ferrer zum Tode verurteilt und hingerichtet worden war. Ferrer war ein Anarchist, aber kein gewalttätiger. Er hatte für die Bildung der Arbeiterklasse gekämpft. Als er der spanischen Regierung unbequem wurde, ist er unter einem Vorwand verhaftet und prozessiert worden. Nach seiner Hinrichtung gab es auf der ganzen Welt Protestkundgebungen gegen die spanische Regierung. Diese musste erneut einen Prozess abhalten, in welchem Ferrer von allen Anklagepunkten freigesprochen wurde. Sie hatten ihn aber längst hingerichtet.

Francisco Ferrer

Die Anarchisten waren damals noch stärker in der Arbeiterschaft vertreten. Einmal *(5. März 1904)* sollte Serrati im Collosseum eine Rede halten. Er war gerade von einer Reise aus Amerika zurückgekehrt. Dort ist es dabei in einer Stadt *(in Barre-Vermont am 3. Oktober 1903)* zu einem Tumult zwischen Sozialisten und Anarchisten gekommen. Die Polizei hatte eingegriffen und einen anarchistischen Arbeiter niedergeschossen. Darauf verbreiteten die Anarchisten auf der ganzen Welt das Gerücht, Serrati sei ein Provokateur, der mit der Polizei unter einer Decke stecke. Als er nun hier in Zürich reden wollte, haben sie auch wieder ihre Leute aufgeboten, um ihn daran zu hindern. Es kam zu einer heftigen Schlägerei im Saal und zu einer Polemik, die noch lange Zeit anhielt. Denn Serrati hat viele Jahre für die italienischen Sozialisten in der Schweiz gearbeitet. Er leitete auch «L'Avvenire del Lavoratore», unsere Parteizeitung.

Einer der hitzigsten Anarchisten in jenen Jahren war der Luzi. Der war so heftig, dass man hätte glauben können, er wolle die Berge zerschlagen. Er war Koch im Cooperativo, als dieses seinen Sitz im Restaurant Pilatus an der Langstrasse hatte *(1909–1911)*. Er hielt oft Vorträge, in denen er uns Sozialisten heftig angriff. Einmal *(am 27. September 1911, an einer Protestversammlung gegen den italienischen Tripolis-Feldzug)* ergriff er in der Stadthalle das Wort und forderte die Italiener auf, sich mit Steinen zu bewaffnen und das Konsulat besetzen zu gehen. Ein paar Hitzköpfe gingen wirklich mit ihm an die Bahnhofstrasse,

Handzettel 1911: Ist der Fehler im Namen Tarnung?

wo sie die Scheiben des Konsulats einschlugen. Die Polizei rückte natürlich sofort gegen sie vor. Sie flüchteten in alle Richtungen und versteckten sich. Als die Polizei niemand erwischen konnte, ging sie einfach ins Copi und verhaftete alle Anwesenden, obwohl wir Sozialisten mit der Sache nichts zu tun hatten hielt sich die Polizei an uns schadlos.

Der «Guglielmone», der deutsche Kaiser, kam 1912 nach Zürich. Ich weiss das noch, weil wir einen halben Tag frei bekamen. Weiter hat mich das auch gar nicht interessiert.

Mussolini, der ursprünglich ein revolutionärer Sozialist war, hielt 1913 hier in Zürich die italienische Rede zum 1. Mai. Was man später, als er zum Verräter geworden war, nicht alles über ihn erzählte, wer da sagte, er hätte ihm zwei Franken geliehen und nicht zurückbekommen, er hätte ihm das Essen bezahlen müssen und so weiter, das sind alles Lügen, Angebereien, um sich wichtig zu machen. Gegessen hat er im Cooperativo und übernachtet bei Armuzzi, mit dem er damals sehr befreundet war. Die Balabanoff und Serrati hatten ihn kurz vorher zum Direktor des «Avanti» gemacht.

Die Feier fand im Velodrom beim Albisriederplatz statt. Heute ist dort alles überbaut, aber früher war da eine Wiese, auf der immer die grossen Arbeiterveranstaltungen abgehalten wurden. Es waren zwei- bis dreitausend Leute anwesend, als Mussolini mit der Rede begann. Er zog eine Taschenuhr hervor, zeigte sie der Menge und sagte: «Wenn es einen Gott gibt, so soll er sich beweisen. Ich werde ihn jetzt zehn Minuten lang beleidigen und genau so lange hat er Zeit, um mich durch einen Blitz zu erschlagen!» Als die zehn Minuten um waren, sagte er: «Seht ihr, das mit Christus und dem lieben Gott sind alles Lügen!» Dies ausge-

Chigny sur Morges um 1903: Eine Gruppe italienischer Sozialisten aus Lausanne zu Besuch bei Auguste Forel, lassen sich in seinem Park fotografieren. Mussolini (x) und Serrati 2. von rechts sitzend mit Kind.

rechnet von Mussolini, der später ein so trauriges Werkzeug der Pfaffen wurde.

Laut der 1. Mai-Berichterstattung des «Volksrechts» sprach Mussolini über die Bedeutung des 1. Mai, die Generalstreiksbewegung in Belgien, die aktuelle politische Lage in Europa und über innenpolitische Probleme Italiens. «Er fand begeisterten Beifall». Bianchis Anekdote wurde ähnlich auch von andern alten Sozialisten erzählt. Mussolini hat gut zehn Jahre früher, währen er als sozialistischer Propagandist und Agitator in der Schweiz tätig war, in den verschiedenen Sektionen des PSI eine

Zürich 1913: Die Beerdigung Bebels am Sonntag den 17. August. Der Trauerzug überquert die Sihlbrücke in Richtung Zentralfriedhof.

Vortragsreihe über religiöse Fragen gehalten, in welcher er den Standpunkt der absoluten Unvereinbarkeit von Sozialismus und Religiosität vertrat. Angelica Balabanoff hat 1903 den geschilderten Vorfall bei einem solchen Vortrag in Lugano erlebt, und ihn später sicher auch Bianchi erzählt, als Beispiel dafür, wie sich Mussolini schon in seinen revolutionären Anfängen nicht scheute, mit den plumpsten demagogischen Mitteln zu argumentieren. Mit den Jahren müssen sich die Erinnerung an Mussolini mit der Erzählung der Balabanoff vermischt haben.

Im gleichen Jahr nahm ich an der Beerdigung Bebels teil. Das war ein grossartiges Ereignis für Zürich. Dreissigtausend Menschen – Proletarier – nahmen daran teil. Ein riesengrosser Trauerzug zog durch die ganze Stadt zum Zentralfriedhof. Von allen wichtigen sozialistischen Parteien waren Delegierte anwesend. Greulich hielt auch eine Rede, für die italienischen Sozialisten sprach die Genossin Balabanoff.

Bebel war ein angesehener Mann und Arbeiterführer, nicht nur in Deutschland, sondern in der ganzen Welt. Er war auch ein grosser Schriftsteller. Einmal hat er einen Artikel über ein bestimmtes Thema geschrieben. Als er am Tag darauf die bürgerli-

Die Umbauarbeiten an der Eidgenössischen Technischen Hochschule um 1919. Über dem Zentralgebäude wird die charakteristische Kuppel errichtet.

chen Zeitungen las, sah er, dass alle schrieben, dass ihnen der Artikel auch gefalle. Da sagte sich Bebel: «Das will heissen, dass ich im Fehler bin. Wenn das für die Bürgerlichen gut ist, habe ich mich geirrt, dann bin ich reingefallen!» Darauf hat er schleunigst eine Gegendarstellung geschrieben.

Ich war damals schon einige Zeit am Polytechnikum. Denn ich habe sieben Jahre lang das Poly besucht, allerdings nicht als Student, sondern als Maurer bei den Erweiterungsbauten. Baumeister war die Firma Fietz-Leuthold.

Zeitweise waren da über hundertzwanzig Arbeiter beschäftigt, vorwiegend Deutsche, Österreicher und Italiener. Nebst den Maurern Zimmerleute, Schreiner und Handlanger, war sogar ein Pfaffe für die Arbeiter angestellt. Zusammen mit einem Ruscoli und einem Bertazzi war ich gewerkschaftlicher Vertrauensmann in diesem Ameisenhaufen.

Damals war die Hemdbrust aus Karton Mode. Darunter konnte man schmutzig sein wie ein Schwein, setzte man aber so ein weisses Kartonstück auf, sah man aus wie ein Graf. Ein gewisser Locatelli aus Bergamo, ein Maurer, der mit uns dort arbeitete, trug auch immer solche Kartonhemden. Er hatte sich eine Freundin geangelt und ihr gesagt, er sei am Poly. Sie hat natürlich angenommen, er sei Student. Eines Tages kam das Mädchen zum Poly, um ihn zu suchen. Niemand wusste etwas von einem Studenten namens Locatelli, bis ein Professor auf die Idee kam, den Pfaffen zu fragen. «Jaja, wir haben einen mit diesem Namen, dort oben auf dem Gerüst ist er!» Sie riefen ihn herunter: «Ah, da bist du, Locatelli!» sagte das Mädchen zu ihm. «Du hast doch angegeben, du seist Student! Du hättest mir ruhig sagen können, dass du nur ein Maurer bist, ich hätte dich auch so gerne gehabt. Aber so will ich nichts mehr von dir wissen!»

Der «Refraktär»

Als der Erste Weltkrieg ausbrach, entstand hier in der Schweiz ein grosses Durcheinander. Ein Ereignis folgte dem andern. Die Leute waren unsicher, weil niemand wusste, wie es ausgehen würde. Auch bei uns am Poly stand die Arbeit praktisch sofort still, weil die vielen deutschen und österreichischen Arbeiter in den Krieg einberufen wurden und nach Hause zurückkehrten.

Beim Ausbruch des Ersten Weltkrieges, anfangs August 1914, bei dem sich vorerst die Länder der Mittelmächte (Deutschland, Österreich, Ungarn) den Ländern der Entente (Frankreich, England, Russland) gegenüberstanden, befürworteten die meisten sozialistischen Parteien den Kriegseintritt ihrer jeweiligen Länder. Die zwei Jahre früher, an der Friedenskonferenz der II. Internationalen in Basel, bestätigte Haltung, wonach die Landesverteidigung abzulehnen und «der Kampf gegen den Krieg mit allen dem Proletariat zur Verfügung stehenden Mitteln» zu führen sei, war vergessen. Einzig die Sozialistische Partei Italiens und die Sozialdemokratische Partei der Schweiz beschlossen an einer gemeinsamen Konferenz am 27. September in Lugano, die Basler Grundsätze einzuhalten.

Das Königreich Italien, militärisch durch ein Verteidigungsbündnis an die Mittelmächte gebunden, erklärte vorerst seine Neutralität. In den ersten Augustwochen kehrten trotzdem Hunderttausende italienischer Emigranten fluchtartig in ihre Heimat zurück. Auf Zürich hatte dieser gewaltige Exodus grosse Auswirkungen, wie die Zürcher Wochenchronik in der Nummer 33/1914 berichtete:

«Zwar nicht in den Krieg, aber doch einer ungewissen und zumeist einer bitterbösen Zukunft sind die vielen tausend Italiener entgegengegangen, die im Laufe der letzten Tage aus Zürich abgewandert sind. Zuerst jeweilen vor dem italienischen Generalkonsulat in der Fraumünsterstrasse, dann am Bahnhof haben sie sich zu fast unübersehbaren Haufen angesammelt und Bilder der Bedrängnis, ja der nackten Armut geboten, wie sie mannigfacher und ausdrucksvoller in unserer Stadt noch selten gesehen

Italienische Arbeiterinnen aus Arbon auf der Durchreise in Zürich

wurden. Denn Zürich war, ob wir es wünschten oder nicht, zur zentralen Sammelstelle der italienischen Arbeiter aus einem Grossteil der Schweiz und auch aus Deutschland, Frankreich usw. geworden. In endlosen, vollgepfropften Zügen vollzog sich diese denkwürdige moderne Völkerwanderung. Dass sie in guter Ordnung und ohne Ausbrüche wilder Leidenschaft vor sich ging, gereicht diesen schwergeprüften Südländern zur Ehre. Auch sei rühmend anerkannt, dass das Generalkonsulat und die italienische Hilfsgesellschaft in humanitärer Fürsorge ihr Möglichstes getan haben.»

Auch Pietro Bianchi meldete sich bereits am 7. August statt im Dezember polizeilich nach Italien ab. 1915 deponierte er seine Schriften schon am 12. Januar auf der Einwohnerkontrolle und nicht erst Mitte April, Anfang Mai, wie in andern Jahren. Am 3. September nahm er dann festen Wohnsitz in Zürich, als Untermieter bei der befreundeten Familie Cristina an der Jägergasse 14 (im Hinterhof des Cooperativo). Er erhielt eine provisorische Aufenthaltsbewilligung und wurde bei der Einwohnerkontrolle der Stadt Zürich als Refraktär (Kriegsdienstverweigerer) registriert, nachdem er seiner Einberufung vom 25. Februar 1916 nicht Folge leistete.

In Italien entstanden aus anarchistischen und sozialistischen Minderheiten die «Fasci rivoluzionari di combattimento». Von der Hypothese ausgehend, der kommende Krieg müsse unweigerlich in die Weltrevolution ausmünden, forderten sie die Intervention Italiens auf Seite der Entente. Mussolini war im «Avanti» ein heftiger Gegner der Intervention, bis er im Oktober 1914 abrupt seine Haltung änderte. Er wurde aus der Partei ausgeschlossen, handelte sich aber seitens der französischen Regierung einen geheimen Kredit von 1,5 Millionen Francs ein, mit dem er den «Popolo d'Italia» gründete, eine intervenistische Tageszeitung mit sozialistischem Etikett. Durch diesen Schritt wurde er unbestrittener Wortführer der «Fasci». Am 23. Mai 1915 trat Italien auf der Seite der Entente in den Krieg ein.

Mussolini zur Zeit seines Ausschlusses aus der sozialistischen Partei

Vor dem Kriegseintritt Italiens halten Interventisten (hier in Mailand) demonstrative, paramilitärische Übungen ab

In den ersten Tagen nach dem Eintritt Italiens in den Krieg, sass ich wie gewohnt beim Nachtessen im Cooperativo. Ein junger Mann sass neben mir und fragte mich: «Bianchi, rückst du nicht ein?» – «Nein, die Sozialistische Partei Italiens hat sich in diesem Krieg als strikte neutral erklärt, und ich halte mich an die Richtlinien der Partei!» Darauf sagte er: «Das finde ich gut, ich gehe auch nicht!» Am nächsten Abend kommt er wieder und zieht einen Brief seiner Mutter aus der Tasche: «Lieber Sohn, der Giovannino ist schon eingerückt, auch Carlino ist schon nach Hause zurückgekommen. Ich lasse Tag und Nacht die Türe für Dich offen. Ich denke immer an Dich und hoffe, dass Du mir keine Schande machst.» Der junge Mann war etwas verunsichert, aber ich entgegnete ihm, dass ich schliesslich auch eine Mutter hätte. Er gab mir recht. Am folgenden Abend war er schon wieder da: «Du, Bianchi, meine Liebste hat mir geschrieben: ‹Mein Geliebter, die Aussteuer für unsere Heirat . . . ist das alles für nichts? Ich war so stolz auf Dich! Stell Dir mein Leid vor . . . mit aller Liebe, die ich für Dich empfinde.» Da sagte mir der junge Mann: «Bianchi, jetzt kann mich nichts mehr zurückhalten, ich fahre morgen früh.» Ich entgegnete ihm: «Ich bewege mich nicht vom Fleck, aber wenn du gehen willst, so wünsche ich dir viel Glück und alles Gute.» Er ist dann wirklich gegangen. Zwei Stunden, nachdem er an die Front gekommen ist, hat es ihn erwischt. Secco! Ein Kanonenschuss und bumm! Alles aus!

Die Italiener hatten erfahren, dass in der österreichischen Botschaft an der Bahnhofstrasse wichtige Dokumente über den Krieg aufbewahrt wurden. Da haben sie im Gefängnis von Mailand den geschicktesten italienischen Einbrecher gefragt, ob er den Kassenschrank aufbrechen könne, wenn ihm alles weitere vorbereitet würde. Er dürfe alles Geld behalten, wenn er nur die Dokumente beschaffe. Da ihm auch noch seine Strafe erlassen wurde, willigte er ein und kam nach Zürich. Es war zur Fasnachtszeit. In der Nacht, in der alle Maskenbälle stattfanden, hat er den Kassenschrank aufgebrochen und alles, was er vorfand, eingepackt. Auf dem Rückweg zum Bahnhof ist ihm in der Eile eine Tasche aufgesprungen und der Inhalt auf die Strasse gefallen. Ein Polizist hat ihm noch höflich geholfen, die Sachen wieder zusammenzupacken. Er nahm den Morgenzug und kam unbehelligt wieder über die Grenze. Hier in der Schweiz hat es

Binis Einbruch erfolgte am 25. 2. 1917. Aus seiner Einwohner-Kontrollkarte lässt sich schliessen, dass der Coup von langer Hand vorbereitet worden war.

einen Riesenskandal gegeben, als die Sache herauskam. Auch bei uns im Cooperativo, als sich herausstellte, dass jener Spitzel, welcher die ganze Sache vorbereitet und inszeniert hatte, der «Avvocato» Bini war, der sich als Sozialist ausgab und jeden Abend im Copi Karten gespielt hatte.

Die sich bekämpfenden Mittelmächte versuchten immer wieder, die konsequente Neutralität der italienischen Sozialisten für die eigenen Zwecke zu missbrauchen. Der von Bianchi erwähnte Coup war für Italien von grosser militärischer Bedeutung. Im Haus zur Trülle, dem offiziellen Sitz des österreichischen Konsulats, war die geheime Auslandzentrale der K. u. K. Marine-Nachrichtenstelle untergebracht. Unter den erbeuteten Papieren fand sich ein Verzeichnis aller in Italien für die Mittelmächte operierenden Spione und Saboteure, der Code des österreichischen Marine-Geheimdienstes, aber auch Bargeld und Schmuck im Wert von über 50000 Franken. Der aus Livorno stammende Einbrecher Natale Papini wurde vom Geheimdienst um die versprochene Beute geprellt und erst Jahre später mit 30000, längst abgewerteten, Lire abgefunden.

Ein anderer, der hier in Zürich auftauchte und sich als Sozialist ausgab, war ein gewisser Gino Andrei. Er war ursprünglich Florentiner, hatte aber lange Zeit in Triest gelebt, das damals noch österreichisch war. Bei Kriegsausbruch ist er in die Schweiz geflüchtet, angeblich, weil er gegen den Krieg war. Er eröffnete einen kleinen Laden an der Langstrasse und organisierte nebenbei italienische Theaterveranstaltungen. Er schien immer genügend Geld zu haben, war immer sehr gut angezogen und lud jedermann gern zum Trinken ein. Er kam regelmässig ins Cooperativo und hat dort sogar irgendeine Verantwortung übernommen. Nachdem er einige Zeit hier war, begann er, eine satyrische Zeitung herauszugeben, das «Ma chi è», das sich gegen die Interventisten richtete. Die Zeitung war sehr schön gemacht und gut gedruckt. Alle wunderten sich, woher Andrei das Geld habe, bis sich herausgestellt hat, dass er von den Österreichern bezahlt wurde, und dass er in Italien wegen Landesverrats zum Tode verurteilt worden war. Die Schweizer haben ihn später nach Frankreich ausgewiesen.

Den Anarchisten hier in Zürich hatte er eine Riesenmenge Bomben für die Revolution in Italien übergeben. Anschliessend ist er sie bei der Polizei denunzieren gegangen. Die Anarchisten warfen die Bomben in aller Eile in die Limmat, aber die Polizei konnte alles wieder herausfischen. Es gab einen riesigen Prozess, und sie wurden für viele Wochen ins Gefängnis geworfen. Einer, ein junger Bäcker namens Cavadini, hat sogar vorher im Gefängnis Selbstmord begangen. Sie haben deswegen sogar den Armuzzi ein paar Tage verhaftet, obwohl der als Sozialist mit der Sache ja nichts zu tun hatte. Es war halt eine gute Gelegenheit, um allen in die Suppe zu schauen.

Die «Bombenaffäre von Zürich» hatte in jenen Jahren grosses Aufsehen erregt. Cavadini galt als Führer einer kleinen Anarchistengruppe und war als Brotträger bei einem ebenfalls anarchisti-

Auszug aus dem Protokoll
des
Polizeivorstandes der Stadt Zürich
vom
11. Mai 1918.

Der Refraktär Arcangelo C a v a d i n i , geb. 1886, Brotträger, von Lurate Abbate, Italien, wohnhaft gewesen Röntgenstrasse 68, Zürich 8, hat sich in der Nacht vom 23./24. April 1918 in der Gefängniszelle erhängt. An die von Cavadini s. Z. geleistete Barkaution wird von der Steuerverwaltung nachträglich eine Forderung von fr. 9.20 für Steuern geltend gemacht. Der Betrag ist aus der Kaution zu decken.

Der Polizeivorstand

verfügt:

1. Die Finanzverwaltung wird ermächtigt, die Forderung der Steuerverwaltung aus der von A. Cavadini geleisteten Barkaution zu decken.

2. Mitteilung an die Einwohnerkontrolle, das Finanzwesen unter Beilage einer Steuerabrechnung.

Für richtige Ausfertigung:
Der Adjunkt für Fremdenpolizei:

Ackermann

schen, aber an der Sache unbeteiligten, italienischen Bäckermeister angestellt. Der Hinweis auf mögliche Kontakte des Ausläufers Cavadini, gab der Polizei den Vorwand, eine Grossrazzia in italienischen Emigrantenkreisen zu veranstalten. Der Selbstmord scheint durch die brutalen Folterungen seitens der Untersuchungsorgane, ausgelöst worden zu sein.

Luzi, der Anarchist, von dem man meinte, er wolle die Berge zerhacken, ist auch als Spitzel entlarvt worden. Das kam so: Biagini hatte im Niederdorf einen kleinen Lebensmittel-Laden, wo ihn Luzi einmal besuchte. Als sie von diesem und jenem plauderten, kam ein Handelsreisender herein. Dieser sieht den Luzi und sagt zu Biagini: «Weisst du überhaupt, was das für einer ist, mit dem du sprichst?» Biagini antwortet ihm: «Der Luzi? Wieso, ich weiss nicht, was ist mit ihm?» «Er ist ein

Notiz.

Luzi's Aussagen stehen, soweit ich mich erinnere, in direktem Widerspruch zu dem, was die kurz nach der Stadthalle einvernommenen Zeugen sagten.

Nach dem Verhör ersuchte mich Luzi, den anwesenden Polizeisoldaten abtreten zu lassen, da er mir etwas zu sagen habe. Als seinem Wunsch entsprochen war, frug mich Luzi, ob ich der oberste Chef der Polizei sei. Auf meine Antwort, dass über mir der Hauptmann stehe, frug er mich unvermittelt: „Wollen Sie mich in Ihren Dienst nehmen nach Erledigung der gegen mich anhängigen Sache?" Ich antwortete ihm, dass ich keine Spione unterhalte; wenn er aber im Interesse der Sache etwas mitteilen wolle, so werde ihm selbstverständlich das Gehör nicht verweigert. Luzi lehnte aber jede Mitteilung bis nach Schluss des anhängigen Verfahrens ab und erbat beschleunigte Behandlung seiner Sache.

21. II. 12.

Kuntz
Oblieut.

Aus einem Rapport der Kantonspolizei vom 21. 2. 1912 in welchem Luzi über den Sturm auf das italienische Konsulat einvernommen wurde

Spitzel!» antwortete der andere. Biagini war natürlich erstaunt und hat ihm einfach nicht geglaubt. Da hat sich der Reisende dem Luzi zugewandt und ihm ins Gesicht gesagt: «Du dreckiger Spitzel, du Schweinehund!» Er hat ihm alle bösen Worte an den Kopf geworfen, aber Luzi hat keinen Wank gemacht und ist stumm geblieben. Nachdem der Vertreter gegangen war, sagte Biagini: «Hast du gehört, was der über dich erzählt hat? Was hast du dazu zu sagen?» «Ich habe ihn nicht verstanden», antwortete der Luzi, «wieso, was wollte er sagen?» Biagini: «Jetzt hat er dir in allen Tönen gesagt, dass du ein Spitzel bist, und du willst nicht verstanden haben?» Da ist diese Kanaille mit eingezogenem Kopf davongegangen. *Lelio Luzi wurde im Rahmen der Untersuchungen um die «Bombenaffäre» als Polizeispitzel entlarvt.*

Einer meiner besten Freunde war zeitlebens der Casadei. Nur in einem Punkt hatten wir immer Streit: Er konnte den Nenni nicht ausstehen, er hasste ihn auf den Tod! Nenni ist ja erst nach dem ersten Weltkrieg zu den Sozialisten gestossen. Ursprünglich war er Republikaner und wie die meisten Republikaner im Krieg ein Interventist. Nun hatte Nenni während des Krieges hier in Zürich einen Vortrag gehalten und Propaganda für die Sache der Intervention gemacht. Casadei, der auch Republikaner und noch sehr jung war, liess sich dabei von Nenni überzeugen, sich als Freiwilliger zu melden. Nach kurzer Zeit ist er aber desertiert. Das konnte er später Nenni

Mario Casadei

nie verzeihen, dass er ihn in die Sache hereingezogen hatte. Das war dann auch der Grund, wieso er Republikaner blieb, nachdem Nenni in die sozialistische Partei eingetreten war. «Eine Partei, die Platz für so einen hat, hat keinen Platz für mich!» sagte er immer. Wir haben oft deswegen gestritten.

Da war zum Beispiel das Desaster von Caporetto. Tausende und Abertausende von Italienern mussten ihr Leben lassen, nur weil Cadorna und die anderen Generäle sich in den Kopf gesetzt hatten: «So, heute wollen wir wieder ein paar Meter vorrücken!» Stattdessen rückten dann die Österreicher vor, die eben besser

1917 an der russischen Grenze: Fritz Platten (2. von links) und weitere
Begleiter Lenins steigen vom deutschen Eisenbahnwagen auf Schlitten um

ausgerüstet waren. Der Fluss, der dort vorbeifliesst, der Piave, soll tagelang rot gewesen sein vom Blut der Toten. *Von den über zehntausend Italienern, welche am Tag des österreichischen Durchbruchs gefallen sind, sollen etwa die Hälfte auf Befehl der eigenen Offiziere wegen Meuterei oder Desertion erschossen worden sein.*
Was ich alles für wichtige Leute kennengelernt habe in meinem Leben! Im Cooperativo sind eigentlich alle wichtigen Persönlichkeiten des Sozialismus vorbeigekommen. Dem Lenin zum Beispiel habe ich das Abschiedsessen serviert, bevor er nach Russland zurückkehrte. Es war vormittags um 10 Uhr, die Sache war geheim. Mit ihm waren Platten, die Balabanoff und einige andere, auch Deutsche, etwa 15 Personen. Misiano war auch dabei, ein schöner Mann, ein Sarde. Ich wusste natürlich schon, wer Lenin war, aber es wurde nicht gross herumgesprochen. Lenin sagte natürlich nicht allen: «Ich gehe nach Russland und mache die Oktober-Revolution.» Das musste doch ein Geheimnis bleiben. Ich half bei der Bedienung aus, weil ich im Haus nebenan wohnte und gerade Zeit hatte. Aber ich hatte natürlich Freude daran, denn Leute wie Lenin bedient man schliesslich auch nicht alle Tage. Ich hatte ein Foto von Lenin, wie er zu den

Massen sprach, das war eine Million wert. Burino hat sie mir einmal für die Bauarbeiterzeitung ausgeliehen und nie mehr zurückgegeben.

Der Generalstreik von 1918 war ein fauler Streik, aber man kann ja nicht immer alles haben, wie man will. Wie man es auch anpackt, es gibt immer solche, die nicht mit dir einverstanden sind. Ich bin auf den Helvetiaplatz geschickt worden, weil dort Tessiner Soldaten aufmarschiert waren. Ich fragte sie, wieso sie hier seien und sie antworteten: «Man hat uns gesagt, die Arbeiterschaft von Zürich sei an Deutschland verkauft! Der Streik sei von den Deutschen finanziert!» Diese Dummköpfe, der Bourgeois sucht immer das Mittel der Lüge, wenn er nicht mehr anders weiter kann.

Generalstreik 1918 in Zürich: Studenten als Streikbrecher

Die Genossin Balabanoff wurde während des Generalstreiks in Bern verhaftet, weil die Bürgerlichen behaupteten, sie habe von Lenin Millionen von Goldrubeln erhalten, um hier in der Schweiz die Revolution zu finanzieren. Das war auch so eine Lüge, sie hatte ja kaum genug Geld um zu leben. Aber sie wurde aus der Schweiz ausgewiesen und durfte erst nach dem Zweiten Weltkrieg wieder einreisen, als der Genosse Nobs Bundesrat geworden war und sie ihm deswegen einen Brief geschrieben hatte.

Ein andermal fasste mich die Polizei ein bisschen rüde an. Da sagte ich denen: «Glaubt ihr eigentlich, ich sei zum Vergnügen hier? Zum Vergnügen würde ich vielleicht ins Niederdorf gehen und Dummheiten machen, aber sicher nicht hierherkommen.» Ein Polizist meinte dann: «Also gut, wir sehen ein, dass du deine Pflicht tust, aber wir müssen eben auch unsere Pflicht tun.»

Nach dem *(General-)*Streik wurde ich *(bei Fietz-Leuthold)* entlassen. Ich kam auf die schwarze Liste und wurde in Zürich ausgesperrt. Das Gewerkschaftskartell vermittelte zwei von uns an einen Maurermeister aus Rapperswil, der in Schindelegi von den Pfaffen einen Auftrag bekommen hatte. Am ersten Arbeitstag holten sie uns an ihren Mittagstisch. Wir setzten uns, und sie fingen des langen und breiten zu beten an. Als sie nicht mehr aufhören wollten, protestierte der Bianchi, ob sie nicht endlich fertig würden mit dem Theater, er habe Hunger, er habe schliesslich gearbeitet. Die sind furchtbar böse geworden und haben sich beim Unternehmer in Rapperswil beschwert und gefordert, er müsse ihnen zwei andere Maurer schicken. Der Baumeister – es war einer, der ein bisschen aufgeschlossen war, sonst hätte er uns ja gar keine Arbeit gegeben – weigerte sich jedoch. Er könne uns schon zurücknehmen, aber er habe eben keine anderen Facharbeiter zur Verfügung und müsse die Arbeit stehen lassen. Da liessen sie es sein. Wir mussten aber draussen essen, von den andern getrennt. So hatten wir wenigstens unsere Ruhe!

Als Refraktär konnte ich bis zur Verkündung der Amnestie *(1920)* nicht mehr nach Hause gehen. Die Amnestie musste gemacht werden, weil in Süditalien fast eine Million Deserteure in den Bergen lebten. Die wurden immer als schreckliche Ignoranten geschildert, dabei waren sie die Schlaueren. Das ist auch heute noch so, die Süditaliener sind nicht dumm. Nur werden sie von vier grossen Krebsübeln beherrscht: Der Mafia, den Grossgrundbesitzern, den Marescialli *(Polizeiwachtmeister)* und den Pfaffen. Die sprechen sich untereinander ab: «Man muss dafür sorgen, dass es dem Volk nicht zu gut geht, man muss es so ungebildet wie möglich halten. Wenn es um eine neue Kirche geht – Ja! Wenn es um eine neue Schule geht – Nein!» So bleibt das Volk ungebildet und kann seine Unterdrückung weniger klar erkennen. Aber dumm sind die Süditaliener deswegen noch lange nicht. Wenn man beispielsweise einen Comasco neben einen Sizilianer stellt, und der erste braucht vier Monate, um etwas Bestimmtes zu lernen, so braucht der andere nur zwei. Nun kommt dazu, dass der von Como oder Venedig wie ein Ochse schuftet, der Sizilianer jedoch gemütlicher vorgeht. Das ist aber auch wieder logisch, im Süden ist das Klima viel heisser, man kann dort gar nicht so schnell arbeiten.

Kaum ist die Amnestie verkündet worden, bin ich nach Lenno zurückgekehrt, um meine Papiere in Ordnung bringen zu lassen.

```
                    C o p i e .
```

Anna Balabanoff im Dienste d.Bolschewiki.
Schweizerische Bolschewiki.

                            Bern, 24.Oktober 1918.

Angelica Balabanoff ist am 17.X.l.J.in Zuerich eingetroffen.Sie wurde von den hiesigen Sozialisten Misiano und Vuatolo empfangen.

Am 20.X.haelt sie im hiesigen Volkshause eine Rede, worueber berichtet werden wird.

Aus anderer sehr verlaesslicher Quelle wurde berichtet,dass Balabanoff als Kurier der Bolschewiki Regierung mit Kurierpasse ueber Berlin in Bern eingetroffen sei.

In der Schweiz bereitet sich ein grosser Umschwung vor.Nicht mehr Grimm und Platten sind die Haeupter der umstuerzlerischen Bewegung,sondern sind ersetzt durch:

Herzog,den bekannten Jungburschenfuehrer,
Misiano,den Sekretaer der ital.Arbeiter in d.Schweiz
Beletti in Thalwil (Kt.Zuerich),welche Genannten sich in Bern befinden und eine Bolschewikiagitation vorbereiten.

Diese Agitation hat als Programm:
Demobilisation,worauf dann die Bolschewiki nach dem Muster Russlands vorgehen sollen (Ausrottung des Buergertums usw.)

Angestrebt wird auch Sistierung der Ausweisung von laestigen Auslaendern.Saemtliche Auslaender sollen die gleichen Rechte erhalten wie die Schweizer Buerger.

Die Bewegung soll nach Frankreich und Italien ausgedehnt werden und zwar von der Schweiz aus.Sie ist als Abwehr gegen den Einfluss Amerikas gedacht,in dem die Bolschewiki ihre natuerlichen Feinde erblicken.

Viele Dokumente – wie dieser Polizeibericht an den Bundesanwalt – belegen, dass nicht erst der Generalstreik vom 11. 11. 1918 im Schweizer Bürgertum eine allgemeine Umsturz-Hysterie auslöste. Solche «aus sehr verlässlicher Quelle» stammenden Gerüchtesammlungen genügten vollkommen um Balabanoff, Beletti, Misiano und viele andere an die Grenze zu stellen. Auch gegen Armuzzi und die der Polizei als gemässigt bekannten Dezza und Vuattolo wurde so eine – 1920 auf Bewährung sistierte – Landesverweisung angeordnet.

Bianchis militärisches Entlassungspapier. «Es wird keine Erklärung bezüglich des Betragens erlassen, da ein Verfahren wegen Desertion im Gange ist», heisst es auf dem Titelblatt des vierseitigen Dokumentes.

Es war eine mühsame Angelegenheit. Ich wurde in Como von einem Beamten zum andern geschickt, treppauf – treppab, von einem Büro ins nächste. Niemand wollte für meinen Fall zuständig sein. Die Tage vergingen, und ich beklagte mich bei einem Bekannten. «Mein lieber Bianchi», antwortete der, «so kommst du nie zu deiner Sache. Wir sind hier nicht in der Schweiz, du musst schon selber nachhelfen, wenn du deine Papiere wiederbekommen willst. Zeige dem nächsten Beamten diskret ein wenig Geld, damit er sieht, dass er sich nicht vergebens rührt. Du wirst sehen, in vierundvierzigleichacht wird alles in Ordnung sein, die Amnestie ist ja verkündet worden.» Tatsächlich, so war es auch! Aber als der Beamte mir meine Papiere wieder übergab, bemerkte er in verächtlichem Ton, so dass es alle hören konnten: «Schon wieder einer, der dem Nitti danken muss!» Denn Nitti hatte die Amnestie gegen den Willen der Faschisten und der Konservativen durchgesetzt *(der Aufenthalt in Lenno dauerte vom 29. April bis zum 28. Mai 1920).*

Am Tag vor meiner Rückreise habe ich mir in Como noch ein neues Fahrrad gekauft. Ich weiss noch genau, es war am 27. Mai. Der Mechaniker fragte mich: «Wollen Sie das Lenkrad à la Girardengo oder à la Belloni?» «Das ist doch gleich, geben Sie mir einfach eines!» Dieses Fahrrad hat mich mein ganzes späteres Leben begleitet, bis ich vor ein paar Jahren wegen meiner schlechten Augen nicht mehr fahren durfte. Da habe ich es einem Spanier geschenkt, der im gleichen Haus wohnte, und der hat es in seine Heimat mitgenommen. Aber er hat sich nicht einmal dafür bedankt.

Belloni (links) und Girardengo am Ziel eines Rennens um 1920

Wer weiss, in was für Hände es gekommen ist! *Costante Girardengo und Gaetano Belloni waren damals die beiden berühmtesten italienischen Radrennfahrer. Bianchi, mittlerweile 35 Jahre alt, kaufte sich ein Tourenrad, weil er sich vom aktiven Amateur-Rennsport zurückgezogen hatte.*

In jener Nacht habe ich bei einem Freund in Como übernachtet und dabei gesehen, wie die Arbeiter dort leben mussten. Wir sind spät nachts – die Velos auf den Schultern, damit sie nicht gestohlen wurden – eine lange dunkle Treppe hinauf in seine Wohnung gestiegen. Das war ein grosser Raum, darin hausten sechs oder sieben Familien zusammen: Männer, Frauen, Kinder. Die einzelnen Familien waren einfach durch Tücher, welche an Schnüren aufgehängt waren, voneinander getrennt. Wenn sich ein Ehepaar etwas zuflüsterte oder Streit hatte, hörten alle andern mit. Auch als ich mit meinem Freund in die Wohnung trat, sind alle wieder wach geworden, obwohl wir Rücksicht genommen hatten.

Die Spaltung der sozialistischen Partei

Als es zur Spaltung zwischen Kommunisten und Sozialisten kam, gab es eine heftige Auseinandersetzung – Diskussionen, die nicht mehr aufhören wollten – weil man sich entscheiden musste, ob die Zürcher Sektion sich der Kommunistischen Partei anschliessen oder in der Sozialistischen verbleiben solle. Als es zur Abstimmung kam, hat sich die grosse Mehrheit für die Kommunisten entschieden. Es waren vorwiegend Comasken, Bergamasken und Piemontesen, sie werden wohl alle gestorben sein, aber ich besitze noch eine Fotografie mit den Genossen von damals vor der Spaltung.

Ihr Sprecher war Rainoni, ein heftiger Typ mit wuchtigem Auftreten. Rainoni, ein Tessiner, war in Bari aufgewachsen. Vor der Spaltung war er Redaktor des «Avvenire», und alle waren mit ihm zufrieden. Kaum aber war die Spaltung vollzogen, da liessen

```
                        Zürich, den 1. VIII. 1919        1-AUG.1919

         An Polizei- Jnspektorat.
         Es wird uns hinterbracht:
                Es sei beabsichtigt, Nachmittags nach Schluss der Ver--
         sammlungen, einen Demostrationszug durch die Bahnhofstrasse
         los zu lassen, unter Mitwirkung der Communisten und zwar
         sei es auf Plünderungen abgesehen, wie es unter den Arbeitern
         töne, wenn sie unter sich seien, speziell sei es auch auf
         Geschäfte der Bekleidungsbranche abgesehen.
                Unser Gewährsmann will seine Kenntniss aus dem
         Munde verschiedener Arbeiter geschöpft haben, die sich alle
         ganz gleich ausgedrückt hätten, in Sonderheit habe er gehört
         wie die Männer auch die Weiber aufstacheln würden bei Plünderung
         en mitzumachen.
```

Die Spannungen in der Arbeiterbewegung aus der Sicht eines Spitzels

Die Fotografie von der Bianchi spricht wurde im Hinterhof der Cooperativa aufgenommen. Er selbst ist nicht auf dem Bild, vermutlich arbeitete er damals noch in Schindellegi. Identifizierbar sind: 1 Vuattolo, 2 Biagini, 3 Bezio, 4 Armuzzi, 5 Ferdin sowie dessen Lebensgefährtin Frau A. Civenni (neben Vuattolo) die damals Geranten der Cooperativa waren. Die erkennbaren Zeitungen sind: Avanti, Avvenire del lavoratore, Il lavoratore comasco und Volksrecht.

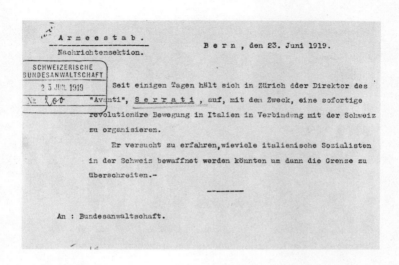

die Sozialisten keinen guten Faden mehr an ihm. Er habe irgendwelche Gelder von amerikanischen Genossen eingesackt und für das «Ma chi è» des Spions Andrei geschrieben. Kurz, es hörte nicht mehr auf, jede Woche packten sie im «Avvenire» etwas Neues aus, nur weil er jetzt die Zeitung der Kommunisten machte.

Ein anderer der Aktivisten für die Kommunisten war der Bezio, der Schirmmacher, der mich in die Partei gebracht hatte. Bezio hat aber furchtbar Pech mit seiner Familie gehabt, weil seine Frau zur Zeit der Spaltung mit den Kindern nach Mailand durchgebrannt ist, ausgerechnet mit einem Pfaffen von der katholischen Mission.

Die Spaltung der Sozialistischen Partei fand in Italien nicht zwischen einem gemässigten, reformerischen Flügel und einem solchen mit revolutionärer, maximalistischer Tendenz statt. Der sozialreformerische Flügel war in der Partei eher unbedeutend, er beherrschte aber fast vollständig die Gewerkschaftsbewegung und die Parlamentsdeputation. Die «Comunisti puri» forderten den sofortigen, bedingungslosen Ausschluss aller Sozialreformisten, während die «Comunisti unitari», als Mehrheit der Maximalisten, für einen graduellen Ausschluss der Reformisten eintraten, wenn diese die Parteidisziplin bedrohten oder verletzten.

Livorno 1921: Das Kongressgebäude in dem die Spaltung stattfand

Ein weiterer Streitpunkt war, ob der Begriff Sozialismus im Parteinamen durch jenen des Kommunismus ersetzt werden solle. Nach einer etwa anderthalb Jahre dauernden Debatte, gründeten die «Puri» am 21. Januar 1921 anlässlich des Parteikongresses von Livorno den «Partito Comunista d'Italia – PCd'I». Die im PSI verbliebenen Maximalisten schlossen im folgenden Jahr die Sozialreformisten doch noch aus, diese konstituierten sich in der Folge als «Partito Socialista Unitario – PSU».

Die im «Partito Socialista Italiano in Svizzera» zusammengefassten Sektionen waren eine Bastion des Maximalismus, die reformistische Tendenz hatte zu diesem Zeitpunkt überhaupt keine Bedeutung. Das gesamtschweizerische Exekutivkomitee wurde durch jenes der Zürcher Sektion gebildet, das auch die Redaktion des «Avvenire» besorgte. Als dieses nach der Spaltung von Livorno den Kongress der Sektionen in der Schweiz einberufen musste, hat es sich einstimmig zum Anschluss an die Kommunistische Partei bekannt. Am Kongress entschieden sich 317 Delegiertenstimmen für die Sozialistische und 250 für die Kommunistische Partei.

Der Streit ging hauptsächlich um das Cooperativo, das nun ja in der Hand der kommunistischen Mehrheit der Sektion lag. Dezza, Vuattolo, Lusetti und ein paar andere Reformisten machten heimlich eine separate Sitzung und kombinierten irgend etwas, damit es Eigentum der Sozialisten bliebe. Was genau los war, kann ich nicht sagen, mich hatten sie ja nicht eingeladen. Dreimal haben sie in der Folge prozessiert. Die beiden ersten Male gewannen die Kommunisten, doch vor Bundesgericht in Lausanne, nahm Vuattolo mit der Unterstützung der Schweizer Sozialdemokraten die besten Anwälte und gewann den Prozess endgültig.

In seinen unveröffentlichten Erinnerungen schreibt Enrico Dezza: . . . sie (die Kommunisten) hatten die Mehrheit der Mitglieder, und das Komitee war ausschliesslich von ihnen zusammengestellt. Ihr wisst, dass das Komitee der sozialistischen Sektion auch das Komitee der Cooperativa ist. Sie gingen zum Handelsregister, um die Namen zu ändern. Sie beriefen eine Versammlung ein, die den Artikel hätte ändern sollen, der sagt, dass die Cooperativa Eigentum der Sektion sei, und wer aus der Sektion austrete, auch automatisch aus der Cooperativa ausgeschlossen sei. Wir 22 Sozialisten zeigten uns nicht an ihrer Versammlung, sondern machten eine eigene, welche ein neues Komitee wählte. Ich war von Beruf Schlosser, es war ein leichtes für mich, den Schrank, in dem das Protokollbuch aufbewahrt wurde, aufzubrechen, ohne ihn zu beschädigen. Ich machte das Protokoll unserer Versammlung mit den Ernennungen des Vorstandes. Dann ging ich zum Handelsregister und fragte: «Sind die Namen des Vorstandes der Cooperativa im Handelsamtsblatt bereits veröffentlicht?» Sie antworteten: «Nein, weil das Blatt nur alle vierzehn Tage erscheint!» «Gut, wir haben das Komitee nochmals geändert!» Ich zeigte ihm das Protokollbuch. Sie kontrollierten es und nahmen davon Kenntnis. In der Cooperativa angekommen, versorgte ich das Protokollbuch und verschloss es, so wie es gewesen war. Ich sagte dem Geranten Ferdin: «Wenn Deola kommt, frag ihn, was er für die Veröffentlichung im Handelsregister bezahlt hat und gib ihm das Geld sofort, er wird es schon nehmen!» Es waren fünfzehn Franken. Als das Handelsamtsblatt erschienen war und sie sahen, dass die Namen des Komitées die unsrigen waren und nicht die ihren, verstanden sie nicht gleich und gingen im Protokollbuch nachsehen. Sie wussten, dass die Arbeit fast ganz meine war, aber niemand hat je den Mut gehabt, mir etwas zu sagen . . .

Wieso ich bei den Sozialisten geblieben bin, weiss ich eigentlich auch nicht mehr. Ich habe jetzt über siebzig *(Jahres-)*Mitgliedkarten der Sozialisitschen Partei gelöst, aber wenn einer glaubt, er könne mich wütend machen, wenn er mir sagt, ich sei ein Kommunist, dann täuscht er sich, das stört mich überhaupt nicht.

Erst nach dem Tode Bianchis habe ich ein Dokument gefunden, aus dem hervorgeht, dass er sogar Mitglied jenes Exekutivkomitees gewesen war, das den Spaltungs-Kongress vorbereitet und sich einstimmig für die Thesen der kommunistischen Fraktion entschieden hatte.

Der Faschismus macht sich stark

Was Mussolini wirklich hochgebracht hat, war, dass er den «Popolo d'Italia» gegründet hatte, welcher zuerst von den Franzosen finanziert wurde, um Propaganda für den Krieg zu machen. Als der Krieg zu Ende war, versuchte Mussolini wieder in die Sozialistische Partei einzutreten, aber die Partei hat ihm klar gemacht, dass es in ihren Reihen keinen Platz für einen Opportunisten seines Grades gäbe, dass er ein zu grosser Verräter an der proletarischen Sache geworden sei. Da hat sich Mussolini der anderen Seite verkauft, den grossen Latifundisten und Industriekapitänen. Er begann systematisch die Organisationen der Proletarier zu zerstören. Die Genossenschaften, «Camere del Lavoro», Zeitungsredaktionen, alles, was sich die Arbeiter mit ihrem Geld aufgebaut hatten, wurde zusammengeschlagen und verbrannt. Wenn die Genossen sich wehrten, wurden sie zusammengeknüppelt oder gar erschossen. Was ihm besonders ins Auge ging, war der «Avanti», die Zeitung der Partei. Da hat er eine seiner Banden hingeschickt, die alles zusammengeschlagen

Mailand August 1922: Faschisten bei der 2. Zerstörung des Avanti

Der Stadthalle-Saal (1949 in eine Parkgarage umgewandelt)

und zerstört hat, Büros, Druckerei, alles war kaputt. Da haben die italienischen Sozialisten auf der ganzen Welt eine grosse Kampagne gestartet, um den «Avanti» wieder aufzubauen, denn die Partei musste ja eine Zeitung haben. Nach kurzer Zeit ist alles wieder aufgebaut worden, viel besser und schöner als vorher. Alles mit dem Geld der Proletarier bezahlt, und man sagte, dass es die grösste und modernste Zeitungsdruckerei Italiens geworden war. Da ist Mussolini erst recht böse geworden, und er liess den «Avanti» noch einmal zerstören und anzünden. Die Proletarier aber haben nochmals Geld gesammelt und den «Avanti» ein drittes Mal aufgebaut. Später musste allerdings die Druckerei verkauft werden, sonst hätte sie Mussolini nochmals zusammenschlagen lassen. Ich weiss noch, der «Avanti» hatte Postkarten drucken lassen mit den Portraits aller grossen Revolutionäre. Jeder Genosse verpflichtete sich, von diesen Karten zu verkaufen, damit die Zeitung wieder aufgebaut werden konnte. Ich muss noch einige davon zu Hause haben.

Ein andermal haben wir in der Stadthalle ein grosses Solidaritätsfest «Pro Avanti» organisiert, mit Theater, Konzert, Tombola und Tanz, wir hatten es wirklich gross aufgezogen. Der Bianchi musste Tanzmeister sein und den Ball dirigieren, eine Rolle, die, wie mir scheint, nicht gerade zu mir passte.

Bei der Gründung der ersten «Fasci di combattimento», nach dem Krieg im Frühjahr 1919, gibt ihnen Mussolini ein noch durchaus revolutionäres, antikapitalistisches, antiklerikales und antimonarchistisches Statut; innert sechs Jahren gelang es ihm aber, auf einer Woge brutalsten Terrors, mit Mord, Raub und Brandschatzungen, die Errungenschaften und Institutionen der Arbeiterschaft restlos zu zerschlagen, jede Opposition sukzessive zu unterbinden, und Schritt für Schritt die Diktatur seiner Partei («Partito Nazionale Fascista» – PNF), aufzubauen. Dieses Ziel war Ende 1926 praktisch erreicht, als – mit Billigung und Komplizität des Königs – eine letzte Reihe von Dekreten verfügt wurde, in denen die antifaschistische Presse unterdrückt, alle Parteien mit Ausnahme des PNF und antifaschistische Organisationen jeder Art verboten, die nichtfaschistischen Gewerkschaften aufgelöst und alle Auslandpässe annulliert wurden (5. November); die Einführung der Todesstrafe und die Bildung eines Sondergerichtes für Aktivitäten wider das Regime sanktioniert (25. November); der «Fascio littorio» (Liktorenbündel – Emblem des Faschismus) zum Staatswappen erhoben (30. Dezember); und der faschistische Kalender eingeführt wurden (31. Dezember).

Auf der Rückreise von Brüssel ist auch Matteotti einmal ins Cooperativo gekommen. *Er hielt in Zürich am 1. Mai 1922 die Ansprache in italienischer Sprache.* Er sass mit einer Gruppe wichtiger Leute zusammen und diskutierte. Ich sass alleine an einem Nebentisch. Plötzlich trat Matteotti an meinen Tisch und fragte mich, was ich für ein Landsmann sei, ob ich auch Italiener sei. Als ich bejahte, fuhr er fort: «Hören Sie, sind Sie zufällig auch ein Genosse?» Als ich wieder bejahte, setzte er sich zu mir an den Tisch und erklärte: «Also in diesem Fall begraben wir das ‹Sie› drei Meter unter dem Boden!» Dann begann er mich über die Arbeits- und Lebensbedingungen hier in der Schweiz zu befragen, was so das Brot und Fleisch koste, wieviel man verdiene, und wie lange man arbeiten müsse. Alles wollte er in den letzten Details wissen. Ich war damals schon beinahe 25 Jahre in der Schweiz.

Giacomo Matteotti

Das war in der Zeit, als er in Brüssel über Kohlenlieferungen an Italien nachgeforscht hatte. Die Kohlen mussten vom Staat zweimal bezahlt werden, weil die Faschisten das Geld unterschlagen hatten. Matteotti hat dann im Parlament seine berühmte Rede gehalten, in der er alle Betrügereien und Diebstähle der Faschisten nachgewiesen hatte.

Nachdem Mussolini diese Rede gehört hatte, sagte er: «So geht das nicht weiter, dieser Mann muss ein für allemal beseitigt werden!» Dann hat er Dumini, Rossi, kurz vier oder fünf Faschisten gerufen und ihnen befohlen, Matteotti zu ermorden. Die fünf Halunken passten Matteotti auf der Strasse ab, als er von zu Hause ins Parlament gehen wollte und entführten ihn in einem Auto aufs Land hinaus, brachten ihn um, verpackten seine Leiche in eine Spaghettikiste und verscharrten ihn. Matteotti hat ihnen noch zugerufen: «Ihr könnt mich umbringen, meine Ideen werden weiterleben!»

Das war eine der grössten der vielen Dummheiten Mussolinis, Matteotti umbringen zu lassen. Es gab heftige Proteste, nicht nur in Italien, sondern in der ganzen Welt. Mussolini musste für kurze Zeit etwas zurücktreten *(vom Innenministerium)*, und wenn es damals eine prompte Reaktion gegeben hätte ... Wenn da ein Mann gewesen wäre, der die Opposition hätte einigen und anführen können, die Vogelscheuche wäre verschwunden, wie sie gekommen ist. Die Faschisten hatten richtig Angst gekriegt und versteckten die «Cimice» *(Wanze – so wurde im Volksmund das Parteiabzeichen genannt, das die Faschisten zu tragen verpflichtet waren)* unter dem Jacken-Revers.

Die antifaschistischen Parteien haben sich dann aus Protest aus dem Parlament zurückgezogen und tagten auf dem Aventino. Als die Mörder entdeckt wurden, liess Mussolini ihnen zum Schein den Prozess machen, um zu beweisen, dass er selber mit der Affäre nichts zu tun habe. Farinacci, einer der höchsten Delinquenten des Faschismus, verteidigte die Mörder vor Gericht. Er behauptete: «Dumini, Rossi und die andern wollten Matteotti gar nicht umbringen, sondern ihm nur eine Lektion erteilen. Matteotti ist nur gestorben, weil er so eine weiche Birne hatte!» Der Rossi aber, der Mussolinis Sekretär gewesen war, hat gemerkt, dass er die Suppe für seinen Chef auslöffeln sollte. Er ist bei der ersten Gelegenheit ins Ausland geflüchtet, wo er den «Memorale Rossi» veröffentlichte, ein Buch, in dem er schilderte, wie es wirklich zugegangen war. So ist es trotzdem herausgekommen, dass Mussolini der Hauptschuldige war. Rossi ist ein paar Jahre später nach Campione d'Italia gelockt und verhaftet worden.

1922: «Immer höher!»

Als Sacco und Vanzetti ermordet wurden, hat das auf der ganzen Welt zu den grössten proletarischen Protesten der Geschichte geführt. Sacco und Vanzetti waren zwei nach Amerika ausgewanderte italienische Anarchisten. Man hat sie dort eines Raubmordes angeklagt, den sie nicht begangen hatten, nur weil es Subversive waren. Aber sie wurden trotzdem zum elektrischen Stuhl verurteilt und hingerichtet. Man wollte das amerikanische Proletariat einschüchtern und vom Kampf abhalten. Die Kapitalisten in Amerika wollten dem Volk zeigen: «Seht diese Subversiven, sie sagen, sie wollen die Welt verändern, dabei sind es nur Kriminelle!» Aber das Volk hat sie durchschaut, und niemand hat ihnen geglaubt.

Auch in Zürich haben wir immer wieder heftig für Sacco und Vanzetti protestiert. Anarchisten, Sozialisten, Kommunisten, alle zusammen. Es gab auch viele Bürgerliche, die mit uns protestierten. Einmal gab es eine grosse Protestveranstaltung in einem Kino an der Badenerstrasse.

Der amerikanische Präsident hat erlaubt, dass sie umgebracht wurden, obwohl er wusste, dass sie unschuldig waren. Sogar der Papst hat für Sacco und Vanzetti interveniert, es hat alles nichts genützt. Sie wurden wie zwei Hunde umgebracht! *Der verantwortliche Richter Webster Thayer flüchtete aus Furcht vor politischen Attentaten nach Vollstreckung des Urteils nach Italien, wo ihm Mussolini Schutz gewährte. Unter Polizeischutz verbrachte er einige Monate in der ehemaligen Villa Guaita in Lenno.*

1922: «Ein Mensch...

... vor dem Krieg, und nachher!»

Es mussten immer mehr Antifaschisten aus Italien flüchten. Die antifaschistischen Parteien wurden verboten, und wenn einer den Faschismus kritisierte, wurde er entlassen, zusammengeschlagen und wenn es schlimmer ging, kam er ins Gefängnis oder wurde gar ermordet. Wer rechtzeitig gewarnt wurde, musste alles liegen lassen und versuchen, irgendwo heimlich die Grenzen zu überqueren, um sich im Ausland in Sicherheit zu bringen. Ich kann mich an einen jungen Maurer erinnern, dem es so ergangen ist. Er musste fliehen, weil er sich gegen einen Faschisten gewehrt hatte, der ihn ermorden wollte. Da er schneller reagiert hat als der Faschist, hat er den andern getötet und ist in die Schweiz geflohen. Er lebte einige Monate in der Cooperativa hier in Zürich, dann wurde er noch einige Zeit in die Cooperativa von Winterthur geschickt. Da er aber hier nicht sicher leben konnte, ist er nach Russland weitergezogen.

In der Schweiz konnte sich die faschistische Bewegung unter den italienischen Emigranten anfangs nur langsam durchsetzen. Wohl wurden mit Unterstützung der italienischen Konsularbehörden in allen bedeutenderen Ortschaften lokale Fasci gegründet, die aber – da sie im Ausland auf ihr wichtigstes «Überzeugungsmittel», den physischen Terror, verzichten mussten – verglichen mit anderen Emigrantenorganisationen, ein recht kümmerliches Dasein führten.

Mit der Zeit wurde es für uns Antifaschisten immer schwieriger mit unseren Papieren. Das Konsulat schikanierte uns, wo immer es konnte. Sie erfanden zum Beispiel irgendeinen Vorwand, damit wir ihnen den Pass abgeben mussten und gaben ihn dann nicht mehr heraus, weil sie uns zwingen wollten, in den Fascio einzutreten. Einmal ist Armuzzi stellvertretend für alle aufs Konsulat gegangen und hat einen Riesenkrach veranstaltet: «Ich gehe jetzt nicht mehr weg, bis ich von all diesen Leuten die

Pässe habe!» Er liess nicht locker, bis er sie endlich bekommen hat. Das war bezeichnend für ihn, hatte er sich eine Sache in den Kopf gesetzt, so gab er nicht mehr nach. Hier in Zürich war Armuzzi der grösste Sozialist aller Zeiten. Er besass für seinen Gemüsehandel einen kleinen Karren mit einem Pferd. Wenn er durch die Langstrasse fuhr, mit dem grossen schwarzen Hut auf dem Kopf, konnte man ihn plötzlich *(im Dialekt der Romagna)* rufen hören: «Tram, mach dass du wegkommst, ich will mit meinem Karren durchfahren!» Sogar das Tram musste ihm Platz machen, wenn er sich das in den Kopf gesetzt hatte.

Ein andermal, als ich auf dem Konsulat vorbeigehen musste, sagte mir einer der Faschisten, die dort angestellt waren: «Wer nicht mit uns ist, ist gegen uns!» «Bravo!» habe ich ihm geantwortet, «das ist wirklich das erste intelligente Wort, das ich von einem Faschisten höre! Es ist wirklich so, dass alle gegen euch sind, die nicht bei euch mitmachen!» *«Chi non è con noi, è contro di noi!» lautete dieser markige Ausspruch Mussolinis. In faschistischen Kreisen war die Gewohnheit verbreitet, solche bombastischen Zitate des Dikators, auch bei den unpassendsten Gelegenheiten, in die tägliche Umgangssprache einzuflechten.*

Einmal *(1923)* hat der Tessiner Anarchist Bertoni, der von den Bürgerlichen als der gefährlichste Subversive angesehen wurde, in der Werdburg einen Vortrag gehalten. Bertoni war ein guter Redner, und an seine Veranstaltungen kamen auch viele Mitglieder anderer Parteien, denn er wurde von allen respektiert. Er lebte in Genf und gab die Zeitung «Risveglio» heraus. Der faschistische Konsul hatte der Polizei telefoniert, wir sässen mit geladenen Maschinengewehren in der Werdburg und planten den Umsturz in Zürich unter dem Befehl Bertonis. Die haben sich nicht zweimal bitten lassen und den Saal mit etwa zehn bewaffneten Polizisten besetzt. Sie

Luigi Bertoni

haben die Versammlung verboten und erklärt, alle Teilnehmer seien verhaftet. Da ist der Wyss, unser Bauarbeiter-Sekretär, aufgestanden und hat zur Polizei gesagt: «Was fällt euch eigentlich ein? Meldet eurem italienischen Konsul, dass wir in der

Foto 1910: Die Werdburg (1961 abgerissen) ein beliebter Versammlungsort

Schweiz leben, wo noch immer Redefreiheit herrscht!» Aber das hat auch nicht mehr viel genützt. Der Polizist, der die Sache befehligte, rief: «Rueh!» Dann haben sie uns alle abgeführt. Als mich die Polizisten bei der Einvernahme fragten, was ich an der Versammlung gesucht hätte, antwortete ich: «Nüüt, han i welle e Zigarette rauche und kä Füür gha. Da han i dänkt, gasch emal da ine, vilicht hätt eine es Zündhölzli. Aber isch nüüt gsii!» Die haben mir natürlich nicht geglaubt und mich als Anarchisten eingestuft!

Die antifaschistische Emigration

Wie viele Fallgruben gibt es auf der Welt! Wie kommt es, dass ich, Bianchi, der ich dumm und ungebildet bin, es weiss, ein grosser Teil von jenen aber, die viel gebildeter sind als ich, es nicht sehen wollen? Aus Egoismus! Während des Faschismus genügte es, dass einer eine Ziege besass oder ein winziges Stück Land, damit er Faschist wurde. Dass einer eine Freundin hatte, der er imponieren wollte, oder eine Ehefrau, die ihm sagte: «Du darfst nicht auffallen, schon der Kinder wegen! Du musst dich wie alle andern verhalten!» Es ist eben alles eine Sache der materiellen Interessen.

Die meisten Schweizer verstanden nicht, dass wir so konsequent antifaschistisch waren. Sie sagten immer wieder: «Ja, aber wieso tüend ihr ständig so tumm schnörre und alles schlächt mache? Es isch doch Ornig da, jetzt mit em Mussolini!»

Hier in der Schweiz war nur der Schwanz des Faschismus, der von Italien über Zürich bis nach Amerika reichte. Der Faschismus ist eine von der Bourgeoisie unterstützte und grossgezogene Partei. Sie liefert ihm das notwendige Geld und alle anderen Mittel, die er braucht, um bestehen zu können. Sie sorgt dafür, dass ein Faschist, der seiner Delikte wegen zufällig ins Gefängnis kommt, sofort wieder freigelassen wird. Oder dass ein Antifaschist, der sich gegen die faschistischen Gewalttätigkeiten wehrt, so lange wie möglich ins Gefängnis kommt.

Auch in Zürich machten viele Italiener bei den Faschisten mit, aber wirklich überzeugte Faschisten gab es wenige unter ihnen. Die meisten waren aus Angst dabei, um ihre materiellen Interessen nicht aufs Spiel zu setzen. Kleine Geschäftsleute etwa, die ihren Wein, die Makkaroni und den Mortadella aus Italien bezogen, wurden vom faschistischen Konsul angesprochen: «Entweder ihr tretet dem ‹Fascio› bei und zahlt jeden Monat soundsoviel, oder wir sorgen dafür, dass ihr keine Waren mehr kriegt!» Andere Geschäftsleute, wirkliche Antifaschisten, wie der Armuzzi, waren natürlich in der gleichen Lage und blieben trotzdem konsequent.

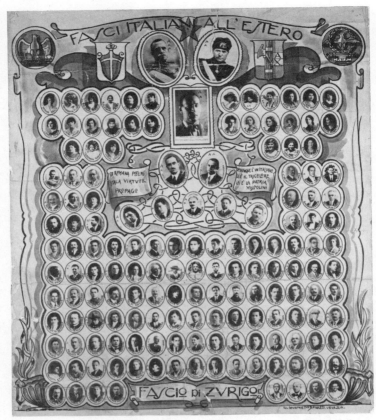

1928–32: Generalkonsul Vitterio Bianchi liess die Faschisten von Zürich auf diesem Erinnerungsbild verewigen

Hatten bereits die in früheren Jahren ausgewanderten Italiener nur mässige Bereitschaft gezeigt, dem Faschismus zu huldigen, so waren die Berichte der nach der definitiven Machtergreifung hinzugekommenen nicht dazu angetan, diese Haltung in einem dem Regime günstigen Sinn zu verändern. Dieses sah sich gezwungen, Wege zu finden, um die vehementen, antifaschistischen Äusserungen der italienischen Emigranten zum Verstummen zu bringen. Wie in anderen Ländern, waren auch in der Schweiz die italienischen Konsulate die Knotenpunkte in einem

Netz, mit dem versucht wurde, jede Äusserung der Emigranten möglichst zu kontrollieren. Bespitzelung, Denunziation, Erpressung und Korruption waren die Mittel, welche die italienischen Konsulatsbeamten dabei zur Anwendung brachten. Bei den Schweizer Behörden war oft eine gewisse latente Bewunderung für diesen Mussolini vorhanden, der «mit eiserner Hand dafür sorgt, dass in Italien die Züge wieder pünktlich ankommen». Auch sass dem Bürgertum im allgemeinen der «Schock von 1918» noch tief in den Knochen. Gerade die aktiven Antifaschisten wurden verdächtigt, Unruhe in die einheimische Arbeiterschaft tragen zu wollen. Diese Situation und die oft schwache politische Schulung der italienischen Arbeiter führte zu einer starken Entpolitisierung innerhalb der antifaschistischen Emigration. Auch nahmen Aufnahmegesuche ins Schweizer Bürgerrecht rapide zu.

Die Föderation des PSI in der Schweiz hatte einen zunehmenden Mitgliederschwund zu verzeichnen. So waren von den rund 30 Sektionen der Zwanziger Jahre 1938 nur noch vier aktiv. Ideologisch verlagerte sie sich gegenüber der Gesamtpartei rapid nach rechts und glich sich den Positionen der Schweizerischen Sozialdemokratie an.

Die hohen Tiere des «Fascio» schrien immer «Skandal», wenn ein Italiener Schweizer wurde. Nicht, wenn es um sie selber ging, sie hatten immer eine Rechtfertigung bereit, wenn es notwendig war. Wenn aber einer, der im Rufe stand, Antifaschist zu sein, Schweizer wurde, hiess es gleich: «Seht ihr, was für Leute das sind? Verräter sind es, welche die Ehre unserer hochgeehrten Mutter Italien mit Füssen treten!» Nun ist Italien eines der Länder, in dem man seine Staatsbürgerschaft nicht verliert. Da kann einer vor hundert Jahren nach Amerika ausgewandert sein, kommt er oder kommen seine Nachkommen zurück, kaum drei Meter auf italienischem Boden, werden sie wieder als Italiener behandelt. Aber die Faschisten konnten natürlich keinen Druck mehr auf einen ausüben, der Schweizer wurde. Die Partei hatte allen Genossen geraten, wenn möglich Schweizer zu werden, damit sie in der

1928: Pietro Bianchi ist 43 Jahre alt

BÜRGERRECHTS-URKUNDE

DER STADTRAT VON ZÜRICH

URKUNDET ANMIT,
DASS AUF VERLANGEN UND
NACH ERFÜLLUNG DER GESETZLICHEN BEDINGUNGEN

PIETRO BIANCHI,

MAURER,

VON LENNO, ITALIEN,

GEBOREN 22. JULI 1885,

DAS BÜRGERRECHT DER STADT ZÜRICH

ERTEILT WORDEN IST.

ZÜRICH, DEN 17. DEZEMBER 1930.

IM NAMEN DES STADTRATES

DER STADTPRÄSIDENT

DER STADTSCHREIBER

Um das Schweizer Bürgerrecht zu erwerben musste Bianchi 400.– Franken Landrechtgebühr, 250.– städtische Einkaufsgebühr, und etwas über 100.– Spesen bezahlen. Sein damaliges Monatseinkommen betrug im Durchschnitt 225.– Franken. Aus den Einbürgerungs-Akten geht hervor, dass er nochmals über seine Teilnahme am Bertoni-Vortrag von 1924 einvernommen wurde, wobei sich Bianchi als «heute eher der Sozialdemokratie nahestehend» erklärte.

politischen Arbeit weniger behindert würden. Es war die Zeit des «Roten Zürich» mit dem Sozialdemokraten Klöti als Stadtpräsident. So habe ich *am 31. Oktober 1928* auch ein Gesuch gestellt. Einmal ist es abgelehnt worden, aber beim zweiten Mal bin ich durchgekommen.

Für mich hat die Frage der Nationalität nie eine Rolle gespielt, ich bin immer ein Internationaler gewesen. «Proletarier haben kein Vaterland!» – ist mein Losungswort. Für einen Arbeiter ist es nicht entscheidend, Italiener, Afrikaner oder etwas anderes zu sein. Entscheidend ist, dass er Proletarier ist und für seine Klasse kämpft!

Offiziell war die Redaktion des «Avvenire» in Zürich, im Cooperativo, wo ja auch der Sitz der Föderation des PSI in der Schweiz war. Gedruckt aber wurde die Zeitung in Lugano. Als die Partei ins Exil gehen musste, weil sie in Italien verboten worden war, wurde der «Avanti», die offizielle Tageszeitung der Partei, in ein Wochenblatt umgewandelt und in Paris herausgegeben, wo die meisten Parteiführer lebten. Nenni hat dann gesagt, dass, nachdem Italien zu einem einzigen grossen Gefängnis geworden sei, in dem das Erscheinen des «Avanti» verhindert würde, dieser wenigstens am Gefängnistor herauskommen müsse. So hat er durchgesetzt, dass unser «Avvenire» in den «Avanti» umgewandelt wurde, und mich haben sie zu seinem Direktor ernannt.

Am 16./17. März 1930 fand in Grenoble der Parteikongress des Exil-PSI statt. Die Delegation aus Zürich setzte sich aus Armuzzi, Lombardo und Vuattolo zusammen. Er beschloss die Wiedervereinigung mit den Reformisten und verlegte die Redaktion des «Avanti» von Paris nach Zürich. Es wurden zwei Ausgaben der Zeitung gedruckt, eine offizielle, für das Exil bestimmte, und eine ge-

Eine damals vielbeachtete Zeichnung des sozialistischen Karikaturisten Scalarini

Kopf einer für Italien bestimmten Dünndruckausgabe des Avanti

kürzte, auf Dünndruckpapier, welche nach Italien geschmuggelt wurde, um die illegale Parteiarbeit voranzutreiben.

Ich, mit meinem Gesicht, das nie eine Schule gesehen hat, wurde Direktor des «Avanti», der wichtigsten Zeitung der Partei. Es war natürlich nur proforma, geschrieben haben ganz andere Leute. Aber mich hätte man ins Gefängnis gesteckt, wenn einmal etwas passiert wäre. Ich war in den Parteivorstand gewählt worden, und jemand musste es ja übernehmen.

Die Vereinigung mit den Reformisten bedeutete für Nenni einen wichtigen Sieg über die früheren maximalistischen Parteiführer. Nachdem ihm das Parteisekretariat zugefallen war, steuerte er die PSI jedoch auf eine enge Zusammenarbeit mit der PCI, was zum Aktions-Einheitspakt vom 17. August 1934 führte. Die Mehrheit des Vorstandes der schweizerischen Föderation, eine der wichtigsten Stützen Nennis am

Der Wiedervereinigungs-Kongress von Grenoble gedenkt des Martyriums von Matteotti: Hinten sind von links Modigliani, Nenni und (mit Bart) Turati zu erkennen

Paris 1934: Angelica Balabanoff, Herausgeberin des maximalistischen Avanti

Kongress von Grenoble, bekämpfte vehement jede Zusammenarbeit mit den Kommunisten und sammelte sich im rechten Flügel der Partei. Die Minderheit der alten Maximalisten im Vorstand, wie Bianchi und Armuzzi, sahen jedoch durch den neuen Kurs immer mehr in Nenni ihren Mann. Diese Situation musste zu Spannungen führen, vor allem weil der Parteidirektion in Paris die Kontrolle über die Redaktion des «Avanti» zu entgleiten drohte.

Ein paar Jahre später wurde dann der Sitz des «Avanti» wieder nach Paris verlegt, wo er als «Nuovo-Avanti» herauskam, weil die Balabanoff, welche aus der Partei ausgetreten war, ihren eigenen «Avanti» herausgab, der nichts mit der Partei zu tun hatte *(zum Jahreswechsel 1934/1935)*.

Modigliani kam von Paris, um die Unterlagen für die Zeitung abzuholen. Wir empfingen ihn am Bahnhof und gingen zusammen in die Cooperativa essen. Modigliani war ein schöner, eindrücklicher Mann mit einem grossen schwarzen Bart. Er war der grösste Anwalt Italiens und sah auch so aus. Wirklich ein grosses Tier, wie er daherkam mit seinem Bart und seiner grossen schwarzen Mappe. In der Cooperativa sass ich neben ihm. Es war so eng wegen der vielen Leute, dass wir uns beim Essen berührten. Wir plauderten zusammen von diesem und jenem. Sie hatten ihm meinen Namen in Paris genannt, persönlich kannte er mich nicht. Er war scheinbar der Meinung, dass ich als Direktor des «Avanti» auch so ein grosses Tier sein müsse, denn er fragte irgendwann beim Essen: «Aber diesen Genossen Bianchi, der mir die Zeitung übergeben muss, habe ich nocht nicht gesehen, wann kommt denn der?» Ich lachte ihm ins Gesicht: «Der Genosse Bianchi, das bin doch ich.» «Was, du bist der Bianchi? Mit deinem Gesicht? Ich habe dich mir anders vorgestellt!»

Der Sitz des «Fascio di Zurigo» war in den ersten Jahren das Restaurant «Commercio» bei der Bahnhofstrasse. Sie hatten sogar eine Gruppe der «Arditi» (= *die Kühnen, faschistische Sturmtruppen*), die aber ziemlich feige waren, weil es ja mehr eine Sache der Geschäftsinteressen als der Überzeugung war, bei ihnen mitzumachen. Sie hatten auch ein «Vessillo» (*Standarte, Fahne*), das sie immer bei sich trugen, wenn sie in ihren schwarzen Hemden ihre Veranstaltungen hatten. Einmal ist ihnen das «Vessillo» abhanden gekommen, sie haben sich furchtbar aufgeregt deswegen, und ganz Zürich hat darüber gelacht. Das kam so: Im «Commercio» arbeitete ein Tessiner als Kellner, der nicht Faschist war. Sie hatten gerade wieder irgendeine Feier und hatten ihr «Vessillo» ausgehängt, um es den Leuten auf der Strasse zu zeigen. Der Patron des «Commercio», Nocetti, ein «Fascistone», wollte dem Kellner nicht den vollen Lohn bezahlen. Da hat dieser eine günstige Gelegenheit abgewartet und das «Vessillo» heruntergeholt. Er ging damit zur Limmat, wo früher der Globus stand, und warf die Fahne in den Fluss. Anschliessend hat er sich bei der Polizei selbst angezeigt und auch den Grund angegeben, warum er es gemacht hatte. Es kam in alle Zeitungen, und man spottete die Faschisten aus: «Ihr seid immer überall eurem ‹Vessillo› gefolgt, aber jetzt, wo es den richtigen Weg genommen hat, habt ihr es im Stich gelassen!»

Später liess der Konsul die Pläne für ein grosses Haus entwerfen, in dem er alle faschistischen Organisationen unterbringen wollte, um sie besser kontrollieren zu können. Es sollte etwas Imponierendes werden, ein offenes Haus für alle «echten Italiener», wie er sagte. Als das Projekt entworfen war, rief er die italienischen Händler aus der Umgebung zusammen und sagte

Zürich 1937: Die Casa degli Italiani

ihnen, sie müssten nun einmal etwas für ihr Vaterland tun, sie sollten das Projekt finanzieren. Die Händler waren nicht gerade begeistert, aber sie bezahlten, um es nicht mit dem Konsul zu verderben. So ist die Casa d'Italia an der Ehrismannstrasse gebaut worden. Bei der Einweihung *(April 1932)* kam es zu einer heftigen Protestdemonstration gegen den Faschismus, die Polizei musste den Faschisten zu Hilfe kommen.

An der Ecke Stauffacherstrasse/Schreinerstrasse, wo ich wohne, da ist ein italienisches Restaurant, das war eine Zeitlang auch ein Treffpunkt der Faschisten. Der damalige Wirt hat Millionen an ihnen verdient. Er hatte auch einen Lastwagen. Mit dem führte er tagsüber die «Figli della Lupa» *(faschistische Jugendorganisation)* in die Schule des Konsulats und wieder heim. Auch für ihre Veranstaltungen stellte er ihn immer zur Verfügung. Da die italienische Kirche so nahe liegt, und er ein fanatischer Faschist war, kamen alle andern sonntags zu ihm, vor und nach der Messe. So machte er seine Millionen. Er lebte mit einer Freundin zusammen, die ihm vor lauter Millionen machen Hörner aufgesetzt hatte. Ausgerechnet mit seinem besten Freund, auch einem Faschisten, dem er immer die schönsten Koteletts vorgesetzt hatte.

Zürich 1. Mai 1933: Protest gegen den Faschismus in Deutschland und Italien – Protest aber auch gegen das Massaker an Arbeitern in Genf (13 Tote)

Als Hitler in Deutschland an die Macht kam, gab es eine grosse Protestveranstaltung, an der zwanzigtausend Personen teilgenommen haben *(19. März 1933)*. Es gab einen grossen Umzug durch die Stadt ins Sihlhölzli hinaus, wo der Genosse Grimm vom Nationalrat eine Rede gehalten hat, in der er erzählte, wie die Nazis in Deutschland an die Macht gekommen sind, wie sie allein in Hamburg in einer Nacht tausend Sozialisten und tausend Kommunisten umgebracht hatten. «Jetzt werden sie versuchen, auch in der Schweiz an die Macht zu kommen. Wenn es soweit kommt, müsste ein Drittel der Schweizer Bevölkerung damit rechnen, eliminiert zu werden. Vor allem das ‹Rote Zürich› würde gründlich gesäubert, man würde es zu einer eindeutig deutschen Stadt machen.» Man stelle sich den Zeitungsdirektor Bianchi vor, wie es dem ergangen wäre. Der hätte ein schönes Bild abgegeben. In Affoltern gab es eine Anlage, um das Obst zu dörren. Dort hätten sie unsereins zur Behandlung hingebracht.

Die meisten Italiener hatten Angst, in die Cooperativa zu kommen wegen der faschistischen Spitzel. Sie trauten sich nicht einmal mehr, durch die Militärstrasse zu gehen, um nicht einen falschen Eindruck zu erwecken. Ganz in der Nähe, an der Zeughausstrasse bei Locatelli, war nämlich ein anderer Treffpunkt der

Faschisten. Um deshalb nicht in Verdacht zu geraten, in die Cooperativa zu gehen, machten viele Leute einen weiten Umweg um die Militärstrasse. In der Cooperativa konnten in jenen Zeiten manchmal nur fünf, sechs Essen ausgegeben werden. Ich arbeitete damals eine Zeit lang in Leimbach an der Stadtgrenze. Man lud mich dort immer wieder zum Mittagessen ein: «Herr Bianchi, ässed si doch mit eus, min Ma isch iverstande». Ich hatte auch nur eine Stunde Mittagspause. Ich lehnte trotzdem immer ab und fuhr den weiten Weg in die Cooperativa und zurück, nur damit ein Mittagessen mehr ausgegeben werden konnte.

Manchmal kamen eigenartige Typen in die Cooperativa. Sie setzten sich allein an einen Tisch und bestellten einen Kaffee. Dann breiteten sie eine Zeitung aus, versteckten ihr Gesicht dahinter und taten, als ob sie lesen würden. Wenn man genau hinsah, bemerkte man, dass sie nicht lasen, sondern über den Zeitungsrand hinaus die Gäste beobachteten. Sie hörten auf jedes Wort, das im Lokal gesprochen wurde, in der Hoffnung, irgend etwas über uns zu erfahren. Wir nannten sie die «Fünfzig-Franken-Typen», weil ihnen das Konsulat für jede Information fünfzig Franken bezahlte.

Nun war einmal in der Cooperativa eine wichtige Sitzung angesagt. Die Genossen waren alle schon im Sitzungszimmer im oberen Stock. Nur ich war unten und musste das Restaurant betreuen. Plötzlich kommt in aller Eile ein Mann herein, den ich noch nie gesehen habe. Er schaut aufgeregt herum und fragt mich schliesslich: «Wo sind die Genossen, die an der heutigen Sitzung teilnehmen?» «Hier ist keine Sitzung, wie Sie sehen!» entgegnete ich ihm. «Sie sehen ja, dass praktisch niemand da ist.» Er sei von der Sektion Basel an die Sitzung delegiert worden, habe aber den Zug verpasst und sei zu spät gekommen. Ich müsse ihm unbedingt sagen, wo die Genossen hingegangen seien, sonst sei er vergebens nach Zürich gekommen. Er wurde immer aufgeregter, aber ich tat keinen Wank, denn ich war überzeugt, dass er einer dieser «Fünfzig-Franken-Typen» sei. Da hat er sich an einen Tisch gesetzt und gewartet. Er war nervös, richtig wütend. Als die Sitzung beendet war und die Genossen herunter kamen, war einer dabei, der ihn erkannte. Das Missverständnis konnte gelöst und der Genosse noch kurz über den Verlauf der Sitzung informiert werden, bevor er mit dem letzten Zug wieder nach Basel

> # Alle donne di lingua italiana a Zurigo!
>
> Il gruppo femminile della Alleanza Antifascista ha indetto per giorno **31 maggio alle ore 8** di sera, alla Casa del Popolo, nella Greulich-Saal (N. 26) una **conferenza** dove parlerà una donna recentemente uscita dalla galera fascista sul tema:
>
> ## Come le donne lottano in Italia contro il fascismo e come vivono gli antifascisti nelle galere mussoliniane
>
> Data l'importanza del tema, ogni donna lavoratrice ha il dovere di partecipare a questa conferenza, anche per dimostrare così la sua solidarietà verso le vittime del regime fascista.
>
> Zurigo, Maggio 1932.
>
> **Il Gruppo femminile**
> della Alleanza Antifascista, Sezione di Zurigo.
>
> Unionsdruckerei, Zürich.

Veranstaltung der Frauengruppe der Antifaschistischen Allianz

zurückkehrte. Er hat aber eingesehen, dass ich richtig gehandelt habe, dass ich einem Unbekannten nichts über unsere Aktivitäten erzählen durfte. Ein bisschen hat er es mir allerdings schon übel genommen, dass ich ihn so eingestuft hatte. Wir haben uns später wieder gesehen und über die Geschichte gelacht.

In der Cooperativa war es so, dass wenn zum Beispiel die Kommunisten hereinkamen, sich alle an den gleichen Tisch setzten. So auch die Sozialisten, die Anarchisten und die Republikaner. Die setzten sich nicht zusammen, sondern immer getrennt an die Tische. Dann gab es noch einen Tisch für jene, die regelmässig im Copi verkehrten, für die «Habitués». Nun tauchte irgendwann eine elegant gekleidete junge Dame auf und setzte sich auch immer an diesen Tisch. Wenn abends die Arbeiter auf dem Heimweg hereinkamen, sprach sie diese an: «Sie sind mir sympathisch! Ah, Sie sind Arbeiter, das habe ich mir gedacht. Woher kommen Sie? Aha, ja das kenne ich auch, dort bin ich auch schon gewesen.» Oder aber: «Was für ein sympathisches Ambiente hier in der Cooperativa, mir gefällt dieses einfache Lokal. Die Leute hier sind so offen und natürlich.» Sie war, wie gesagt, sehr elegant, so dass sie auch ein bisschen die Aufmerksamkeit der Bevölkerung auf sich zog. Nachdem sie einige Zeit regelmässig vorbeigekommen war, fragte sie eines Abends: «Gibt es nicht zufällig eine Möglichkeit, hier als Serviertochter zu arbeiten? Mir gefällt es so gut hier drinnen, dass ich mir keine angenehmere Arbeit vorstellen könnte.» Darauf schauten wir sie uns etwas genauer an, und es stellte sich heraus, dass sie auch für den Konsul spionierte.

Die Cooperativa war eine Art Zentrale des Antifaschismus geworden. Die Antifaschisten, die aus Italien flüchten mussten, kamen meist irgendwo im Tessin heimlich über die Grenze, von wo sie die Tessiner Genossen zu uns nach Zürich weiterschickten. Hier wurden sie ein paar Tage oder Wochen gepflegt, denn viele kamen in einem erbärmlichen Zustand an, waren krank, völlig mittellos und hatten keine Papiere, denn wenn sie nicht aus dem Gefängnis oder dem «Confino» *(Zwangsdomizil)* geflüchtet waren, so hatten sie doch alle das faschistische Elend aus der Nähe gekannt. Man musste ihnen andere Kleider besorgen, weil sie oft so miserabel aussahen, dass jeder Polizist misstrauisch geworden wäre. Sie blieben eine Weile in Zürich, informierten sich über das, was in der Welt vorging, weil sie in Italien ja nichts darüber hatten erfahren können, lasen die antifaschistische Presse, erkundigten sich nach Freunden und Genossen, und wenn sie sich einigermassen erholt hatten, bekamen sie etwas Taschengeld und wurden zu den Genossen an die Grenze geschickt, die ihnen dort weiter halfen. Bevor Hitler und Dollfuss an die Macht kamen, konnte einer noch Deutschland oder Österreich wählen, aber später war Frankreich das einzige Land, in das er von hier aus gehen konnte.

Die beiden wichtigsten Hilfsorganisationen, die «Internationale Rote Hilfe» der Kommunisten und der «Fondo Matteotti» der Sozialisten, mussten zu Spitzenzeiten ständig je an die hundert Leute durchbringen. Daneben unterstützten einzelne Antifaschisten noch viele Flüchtlinge privat. Das Unterstützungsgeld, das die «Rote Hilfe» pro Tag und Mann auszahlte, betrug Fr. 1.50. Eine wichtige Rolle kam in diesem Zusammenhang der Cooperativa zu, welche nebst der direkten Verpflegung auch einen grossen Teil ihres Gewinns für den Unterhalt dieser Flüchtlinge aufbrachte.

Es gibt leider keine Unterlagen über den genauen Umfang der antifaschistischen Emigration. Allein in Frankreich lebten in die-

Exemplare dieser Sammelliste für die Opfer des Faschismus zirkulierten in Belgien, Luxemburg, Frankreich und der Schweiz

Selbstfinanzierungsbon der Gruppe Giustizia e Libertà

sen Jahren zwischen 5 – 600 000 registrierte italienische Emigranten, zum grossen Teil Flüchtlinge. Bemerkenswert ist, dass beispielsweise im Juni 1932 allein in Zermatt mehr als 300 Personen über die beschwerlichen Routen rund ums Matterhorn in die Schweiz flüchteten.

Einmal musste ich an einem Abend zwölf Flüchtlinge auf den Bahnhof begleiten. Unterwegs kommt mir ein Tessiner entgegen, der mich fragt: «Du Bianchi, sind die von den unseren? Mir scheint, es sind ein bisschen viele, das könnte auffallen. Ich komme mit und helfe dir.» Als wir zum Bahnhof kamen, bemerkte ich zwei Detektive, die herumstanden. Ich sagte zu dem Tessiner: «Siehst du die beiden Polizisten dort? Schau zu, dass wir hier nicht auffallen. Ich kenne die beiden und gehe sie jetzt zu einem Bier einladen. Wenn wir verschwunden sind, bringst du die Leute auf den Zug. Aber nicht alle auf einmal, auch musst du ihnen einschärfen, dass sie nicht zusammensitzen dürfen auf der Reise, damit sie nicht auffallen!» Wir schickten diese armen Leute nach Genf, wo der Genosse Bertolio, ein alter Mann von über siebzig Jahren, sie heimlich über die Grenze nach Frankreich brachte. Fast jeden Abend gab es solche Transporte. Später kamen dann noch jene hinzu, die aus Italien flüchteten, um in Spanien auf der Seite der Republik zu kämpfen.

Wenn aber einer im Auftrag der Partei oder einer andern Organisation illegal nach Italien reisen musste, um die antifaschistische Aktivität fortzusetzen, kam er auch wieder in der Cooperativa vorbei, wo er sich informieren konnte, wie die Dinge in Italien lagen. Denn so, wie der Faschismus dafür sorgte, dass die Italiener nicht wussten, was in der Welt vorging, so versuchte er auch zu verhindern, dass man in der Welt wusste, was in Italien vorging. Deshalb waren die Informationen der Flüchtlinge so wichtig. Praktisch alle wichtigen Persönlichkeiten des Antifaschismus sind in der Cooperativa vorbeigekommen. Ich weiss natürlich nicht mehr alle Namen, Nenni natürlich, Lelio Basso aus Mailand, oder Carlo Rosselli, der mit seinem Bruder von der OVRA, dem faschistischen Geheimdienst, in Frankreich ermordet wurde. Auch Bassanesi, der mit seinem Flugzeug vom Tessin nach Mailand geflogen ist und tausende von Flugblättern abgeworfen hat. Sein Flugzeug ist nach der Rückkehr im Tessin bei der Landung beschädigt worden, so dass

F. Schiavetti und C. Rosselli

er nicht weiterfliegen konnte *(1930)*. Die Tessiner haben ihm den Prozess gemacht, an dem der alte Turati aufgetreten ist, um ihn zu verteidigen. Von Turati, der auch da war, ist ja immer noch eine Büste erhalten. Sogar Don Sturzo, den Gründer des Partito Popolare *(Volkspartei, Vorgängerin der heutigen Christlichdemokratischen Partei)*, habe ich in der Cooperativa kennengelernt. Die ist von Mussolini im Einverständnis mit dem Papst verboten worden. Noch viele andere waren da, von denen ich die Namen vergessen habe.

Auch die Führer der Kommunisten, wie Togliatti und Grieco, kamen in Zürich vorbei, nur verkehrten die nicht in der Cooperativa. Sie waren ja meist inkognito da und konnten nichts riskieren.

Casadei unterstützte den Republikaner Pacciardi, wie er konnte. Er war besser zu ihm als zu einem Vater. Er gab ihm Geld, kaufte ihm neue Kleider und erfüllte ihm jeden Wunsch. Für Casadei war Pacciardi ein halber Gott, und wehe, wenn einer etwas Schlechtes über ihn sagte.

Einmal musste Casadei den Pacciardi in irgendeiner Angelegenheit mit seinem Auto ins Tessin fahren. Wie sie nun auf dem Gotthard über die Kantonsgrenze kommen, sehen sie dort einen Polizeiwagen stehen. Sie kümmern sich nicht darum und fahren weiter. Dann merken sie, dass ihnen der Polizeiwagen folgt. Da wird Casadei unsicher, und er fährt schneller. Aber es nützt nichts, der Polizeiwagen kommt immer näher, überholt sie und zwingt sie zum Anhalten. Die beiden machen sich auf das Schlimmste gefasst, aber dann sehen sie, dass aus dem Polizeiwagen Guglielmo Canevascini steigt. Canevascini war der sozialistische Vertreter im Grossen Rat des Kanton Tessin. «Hast du uns einen Schrecken eingejagt!» sagt ihm Casadei. Canevascini lacht: «Ich habe erfahren, dass ihr unterwegs seid und habe mir gedacht, dass Pacciardi in einem Polizeiwagen weniger ins Auge fällt.» Pacciardi ist später von Bundesrat Motta aus der Schweiz ausgewiesen worden *(am 28. Januar 1933)*. *Es wurde ihm unter anderem vorgeworfen, er habe Agenten der italienischen Geheimpolizei OVRA, die sich in Lugano provokativ an ihn herangemacht hatten, bewusst falsche Informationen gegeben, was seine Unredlichkeit beweise.*

Die Faschisten hatten die «Scuola Italiana» gegründet, um die Kinder der hier lebenden Italiener im faschistischen Geist erziehen zu können. Denn das Problem war, dass die Kinder, die hier aufwuchsen, in der Schule kein Italienisch lernten. So bestand die Gefahr, dass die Kinder immer weniger Italienisch verstanden und nur noch Deutsch sprachen. Es ist richtig, dass die Kinder, die hier aufwachsen, die Sprache von hier lernen, es ist aber auch richtig, dass sie mit den Eltern und Verwandten in deren Sprache sprechen können.

So hatte der Konsul diese Schule eingerichtet. Er sagte zwar, dass diese Schule nicht politisch und für alle Italiener offen sei. In der Praxis sah es aber so aus, dass eines Tages das Kind aus der Schule kam und zu Hause «Viva il Duce» rief. Oder die Eltern erfuhren, dass die Lehrerin in der Schule fragte, bei wem man zu Hause schlecht über Mussolini spreche. Da haben sich einige antifaschistische Eltern zusammengetan und beschlossen, dass es so nicht weitergehen könne. Sie haben die Frage in den antifaschistischen Parteien zur Sprache gebracht und alle waren sich einig, dass man etwas unternehmen müsse. Armuzzi hat sich der Sache angenommen. Er hat einen Verein gegründet, der eine Schule betreiben sollte, in welche die Kinder der antifaschistischen Familien gehen konnten. Professor Schiavetti, ein Republikaner, hatte aus Italien flüchten müssen und lebte in Marseille als Dockarbeiter. Sie haben ihm geschrieben, ob er die Leitung der Schule übernehmen würde. Er hat zugesagt und ist nach Zürich gekommen. *Der ursprüngliche Name war «Scuola popolare» (1930). 1932 wurde sie in «Scuola libera italiana die emancipazione proletaria» umbenannt.*

Die Stadt hatte ein Schulzimmer im Schulhaus Kanzleistrasse beim Helvetiaplatz zur Verfügung gestellt. Es werden zeitweise wohl an die hundert Kinder gewesen sein, die von Professor

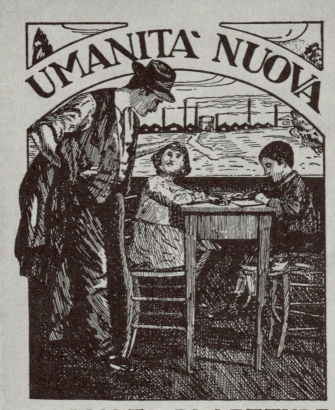

Die Scuola Libera gab 1933 dieses Lesebuch heraus. Es enthielt Texte verschiedener klassischer und zeitgenössischer Autoren, in welchen Themen aus der Geschichte und der Gegenwart Italiens, aber auch Fragen des Internationalismus und aus der Arbeitswelt differenziert zur Sprache kamen.

IL PAESE DELLA FELICITA
Operetta in 3 Atti · Musica del M. C. Manganelli
I personaggi, gli Strumenti di Lavoro,
i cori dei Bambini, degli Scolari, degli
Operai, dei Contadini

DAS LAND DES GLÜCKES
Operette in 3 Akten · Musik von M. C. Manganelli
Die Personen, die Werkzeuge, die Kinder-, Schüler- Arbeiter-, Bauernchöre

Die Schule führte im Volkshaus, aber auch ausserhalb Zürichs eine Operette auf

Schiavetti und seiner Frau unterrichtet wurden. Präsident der Schule war der Armuzzi. Wenn man in unserern Kreisen einen Verein gründete, wurde immer Armuzzi Präsident, weil ihn die Vertreter aller Parteien schätzten. Sekretär war Aldo Sampieri, ein Lebensmittelhändler, der ursprünglich Republikaner, über die Anarchisten und Sozialisten – damals noch nicht – zu den Kommunisten gestossen war. Von ihm werde ich noch mehr zu erzählen haben. Auch Ravaioli, der Vater des gegenwärtigen Präsidenten der Cooperativa, war im Vorstand.

Schiavetti unterrichtete aber nicht nur Kinder. Er organisierte jede Woche im «Sunneblick», einem Café an der Langstrasse, Vorträge für Erwachsene. Sie waren sehr interessant, weil Schiavetti darauf achtete, dass alle Parteien ihren Standpunkt vertreten konnten, ohne dass es zu Streitigkeiten gekommen wäre. Er gab sich wirklich Mühe, und man konnte dabei auch viel lernen. Er verliess die Republikaner und ging zu «Giustizia e libertà» und später zu den Linkssozialisten.

Jedes Jahr organisierte die «Scuola libera» in der «Sonne» oder im Volkshaus ein Neujahrsfest, um die Schule finanzieren zu helfen. Es gab immer eine Tombola und Tanz, aber die Hauptsa-

STADTHALLE
DOMENICA, 9 DICEMBRE 1934 - ORE 3 POM.
A FAVORE DELLA SCUOLA LIBERA ITALIANA

CONCERTO

GABRIELI

IL LAMENTO D'ARIANNA **MONTEVERDI**

VITALI

DUE ARIE **HÄNDEL**

MOZART

CANTO

CIELO E MAR...
DALLA «GIOCONDA» DI PONCHIELLI

COM'È GENTIL...
DAL «DON PASQUALE» DI DONIZETTI

VARIETÀ

GIUOCHI DI PRESTIGIO
(MAGISCHES ALLERLEI) — HANS FERRAR

IL VENTRILOQUO E ENRICHETTO
(DER BAUCHREDNER UND HEINRICH) HANS FERRAR

BALLO (SINO ALLE 2 ANT.) E **TOMBOLA**

ENTRATA FR. 1.–
RAGAZZI CENT. 50

TIPOGRAFIA LUGANESE - LUGANO

Eine Veranstaltung zugunsten der Scuola Libera. Mit einem vielseitigen Programm wurde versucht ein möglichst breites Publikum anzuziehen. Wie jedoch aus der Bilanz der Schule von 1934 ersichtlich ist, führten nicht alle diese Veranstaltungen zum gewünschten Erfolg, so kam es vor, dass nach erstellter Abrechnung die Defizite sich noch erhöht hatten.

In Gontenbach: 1. E. Dezza, 2. E. Cella, 3. P. Bianchi, 4. A. Biagini

che war die Theateraufführung der Schüler. Sogar eine kleine Operette *(Aschenbrödel)* mit Musikbegleitung haben sie einmal aufgeführt. Im Sommer gab es jedes Jahr ein grosses Fest der «Scuola» in Gontenbach, wo sich ein Tierpark befindet. Man fuhr im Kollektiv mit der Sihltalbahn hinaus und feierte im Freien.

Betrachtet man die Emigrantenpresse dieser Zeit, fällt auf, wie oft in diesen Kreisen Feste gefeiert wurden. Kaum ein Wochenende, an dem nicht mindestens eine Organisation ihre Freinacht mit Tanz und Tombola durchführt. Für diese Organisationen war es in den Krisenjahren oft die einzige Möglichkeit, zusätzliche Mittel für ihre Tätigkeit zu beschaffen.

Nach den wenigen noch vorliegenden Zahlen haben 1931 im ersten Betriebsjahr 80 Kinder und 20 Erwachsene die Schule besucht, viermal mehr als die faschistische. Es wurde italienische Sprache, Geschichte und Geographie unterrichtet. 1938 wurden ca. 200 Familien durch die Aktivität der Schule berührt.

Die folgende Übersetzung einer erhalten gebliebenen Jahresbilanz aus dem Jahre 1934 deutet die erheblichen finanziellen Belastungen an, welche den italienischen Antifaschisten durch ihre Schule erwuchs. Vor allem Ravaioli und der durch seine übrige vielfältige Tätigkeiten auch sonst finanziell engagierte

Auch deutschsprechende Gäste waren willkommen

Armuzzi, garantierten den Betrieb der Schule erst dadurch langfristig, dass sie jeweils Ende Jahr grosszügig die entstandenen Löcher stopften.

Scuola libera italiana di Zurigo

Bilanz vom 1. Januar bis 31. Dezember 1934

	Einnahmen	
1. Kassabestand 1. 1. 34		170,52
2. Ertrag Fest Drei Könige 7. 1. 34	300,80	
3. Ertrag Fest Operette 14. 1. 34	165,70	
4. Ertrag Fest Allmend 8. 7. 34	927,65	
5. Ertrag Fest Allmend 19. 8. 34	154,05	
6. Ertrag Fest Gontenbach 9. 9. 34	220,50	
		1768,70
7. in Versammlung gesammelt	26,30	
8. durch Subskription gesammelt	240,00	
9. Mitgliederbeiträge Einzelmitgl.	2461,50	
10. Mitgliederbeiträge Vereine	755,00	
11. Verkauf Bücher Umanità Nuova	37,50	

12. Verkauf Briefmarken	33,75	
13. Diverse	14,90	
		3 568,95
Darlehen von verschiedenen Mitgliedern		1 470,00
Total Einnahmen		6 978,17

Ausgaben

1. Entschädigung der Lehrer		5 025,00
2. gelöschte Passiven	712,50	
3. Miete Schulzimmer	472,00	
4. Miete Lokal Rest. Sonnenblick f. Sitzungen	96,00	
5. Miete Klavier für Proben	112,50	
6. Postauslagen	131,64	
7. Kanzleiauslagen	94,50	
		1 619,14
8. Defizit von drei Festen		221,20
9. Diverse Zahlungen	209,60	
10. Kredite für 13 Lotterie-Hefte	65,00	
		274,20
Total Ausgaben		7 139,54
Total Einnahmen	6 978,17	
Passivsaldo	161,37	
	7 139,54	7 139,54

	Aktiven	Passiven
Postscheck	113,60	
Bank	9,50	
Bücher Umanità Nuova 475 Ex.	1 187,50	
Darlehen von Mitgliedern		1 631,37
Filmprojektor		200,00
Buchdruckerei Lugano (Kontoauszug)		350,00
Monatslöhne Lehrer		500,00
	1 310,60	2 681,37

Am 10. 4. 1933 beschloss der Erziehungsrat des Kantons Zürich, dem Gesuch einiger prominenter Persönlichkeiten der italienischen Kolonie in Zürich zu entsprechen und die Scuola Italo-Svizzera in der Casa degli Italiani offiziell als Privatschule zu anerkennen. Dies erschwerte den Promotoren der Scuola Libera noch zusätzlich den Betrieb ihrer unabhängigen Schule, wurde doch dadurch die Existenzberechtigung derselben indirekt in Frage gestellt. Dass jedoch die Vorstellungen über den Betrieb einer Schule für italienische Kinder in Zürich bei den zuständigen Schulbehörden andere gewesen sein müssen als bei den Promotoren der Scuola Libera, mag das Protokoll der mehrheitlich sozialdemokratischen Präsidentenkonferenz der Stadt Zürich vom 13. 1. 1938 über die vom Konsulat betriebene Schule illustrieren, in dem es unter anderem heisst: «Die Schulzimmer, die zum grössten Teil mit neuzeitlicher freier Bestuhlung ausgestattet sind, machen durchwegs einen freundlichen Eindruck. Die kurzen Unterrichtsproben zeigen, dass hier mit grosser Liebe zur Jugend sowohl von den Lehrern als auch von der Schulleitung gearbeitet wird. Zum Unterschied zu den meisten übrigen Privatschulen steht den Kindern der Schweizerisch-Italienischen Schule eine geräumige Turnhalle zur Verfügung. Grosse Mühe und wohl auch grosse Aufwendungen verwendet die Schulleitung auf die Bücher, die in Ausstattung, Druck und Papier einen vorzüglichen Eindruck erwecken und von denen jedem Mitglied der Konferenz eine Anzahl geschenkweise überlassen wurde. Sämtliche Schüler, auch diejenigen besser situierter Eltern, werden ohne irgendein Entgelt aufgenommen – dadurch soll vermieden werden, dass arme Eltern sich in ihrem Empfinden irgendwie verletzt fühlen. In diese Unentgeltlichkeit ist auch das Mittagessen einbezogen, das von sämtlichen Schülern in der Schule eingenommen wird.

Die Konferenz stellt fest, dass die Schweizerisch-Italienische Privatschule bestrebt ist, ihre Aufgabe voll zu erfüllen . . .»

In Zürich gab es natürlich auch italienische Vereine, die keine politischen Aktivitäten hatten, wie die «filodrammatica», die «corale Verdi» und andere. Nicht alle ihre Mitglieder waren kämpferische Antifaschisten, viele machten einfach mit aus Zeitvertreib. Wurde jedoch eine grössere Veranstaltung geplant, so lud man immer wieder diesen oder jenen Verein ein, einen Bei-

Die USZ vor ihrem Stammlokal vermutlich kurz vor Bianchis Austritt. Er ist der mittlere der drei zuhinterst unter der Tür stehenden Männer

trag zu leisten, etwa ein passendes Theaterstück zu spielen oder ein paar Lieder vorzutragen. Die Faschisten versuchten natürlich, diese Vereine auf ihre Seite zu ziehen.

Sie stellten beispielsweise den Theatersaal in der «Casa d'Italia» den Vereinen gratis für ihre Anlässe zur Verfügung. «Als italienischer Verein habt ihr ein Recht darauf. Wir mischen uns überhaupt nicht in eure Angelegenheiten. Ihr müsst euch nur verpflichten, neutral zu bleiben und keine antifaschistische Propaganda mehr zu machen!» Fiel ein Verein in diese Falle, so hatten sie bereits gewonnen. Die antifaschistischen Vereinsmitglieder mussten sich zurückziehen, weil sie sich durch den Besuch der «Casa d'Italia» ja kompromittiert hätten, und schon war der Weg frei für die Faschisten, den Verein durch ihnen genehme Leute zu kontrollieren.

Die Antifaschisten haben ihre Positionen in diesen Vereinen meist praktisch kampflos geräumt. Hier ein Beispiel aus Pietro Bianchis eigener Vereinstätigkeit: Die «Scuola Popolare» forderte im Januar 1931 die Unione Sportiva Zurigo, in welcher Bianchi mittlerweile Ehrenmitglied geworden war, zur Mitgliedschaft auf und bat um eine finanzielle Unterstützung. An der Generalversammlung vom 7. Februar schlug der Vorstand eine Unterstützung von Fr. 20,– vor, ohne gleichzeitige Mitgliedschaft. In einer heftigen Diskussion forderten einige Mitglieder eine massive Erhöhung dieser Summe, während andere jeden Beitrag ablehnten, da ein solcher statutenwidrig sei. In der folgenden Grundsatz-Abstimmung unterlagen die Befürworter einer Unterstützung. «Angesichts des Abstimmungsresultates erklärt das Mitglied Bianchi, den Saal verlassend, seinen Rücktritt», heisst es im Protokoll. Nach dieser Versammlung kam es zu zahlreichen weiteren Austritten. Bereits im 2. Semester des Jahres wurde eine lokale Grösse des Faschismus, «Granufficiale» Carlo Bianchi, zum Ehrenmitglied der USZ ernannt.

In all diesen Jahren bin ich nie nach Italien gegangen. Ich schickte meiner Mutter regelmässig Geld, aber das war alles. Wenn etwas Wichtiges in Lenno zu erledigen war, ist die Cristina, meine «Baccana» *(Schlummermutter),* hingegangen. Einmal hat sie in Como beobachtet, wie meine Schwester Maddalena aus einer Lotterie-Ablage herauskommt. Sie ist ihrerseits hineingegangen und hat die Gerantin gefragt: «Entschuldigen Sie, bitte, stillen Sie meine Neugier. Die Dame, die hier vorhin hinausgegangen ist, kennen Sie die?» Die Gerantin hat gelacht: «Die kommt, wann immer sie nur kann, das ist eine ganz Fanatische!» Als Cristina mir den Vorfall erzählte, bin ich böse geworden: «Wie kommt das, ich sende regelmässig so viel Geld nach Hause wie ich kann, trotz aller Schwierigkeiten, und meine Schwester weiss nichts Gescheiteres zu tun, als in der Lotterie zu spielen.»

Ich arbeitete an der Hohlstrasse bei Kellenberger, einem Baumeister, der dort ein grosses Stück Land erworben hatte und darauf in eigener Rechnung eine Häuserreihe baute.

Im zweistöckigen Haus Jägergasse 14 wohnte Bianchi von 1915–47

Eines Tages, ich sprach gerade mit ihm über die Arbeit, fährt ein Verkaufswagen der Migros vorbei. Es war das erste Mal, dass ich so einen sah. Der Baumeister sagt mir lachend: «Dä wird au nüd lang mache. Wirsch gseh Bianchi, dä überlupft sich und wird bald wieder verschwinde.» Es ging aber nicht mehr lange, bis ihm das Lachen verging. Die Bank eröffnete ihm, er hätte seinen Kredit überzogen. Er hatte zu viele Bauten angefangen und konnte sie nicht mehr zu Ende führen. Er musste den Konkurs anmelden, und ich musste stempeln gehen. Der Migros hingegen gehört bald die halbe Schweiz! Die Krise traf das Baugewerbe besonders hart. Wir Maurer hatten 1934 fast alle keine Arbeit mehr und gingen «stampflare» *(Italianisierung von stempeln).*

Im Helmhaus am Limmatquai war die Stempelstelle für meine Kategorie *(Krisenhilfe für Arbeitslose, die ihre Kasse bereits überzogen hatten).* Da kamen Maurer, Steinhauer, Zimmerleute und Schreiner hin. Eines Tages, als ich dort war, gab einer am Schalter die Stempelkarte ab. Da sagte ihm der Beamte: «Herr Hueber, ihr müend nach Forch go schaffe.» «Was uff d'Forch? Chunt nöd i Frag! Ich bi doch Schwiizer! Gopfertami, was isch dänn das für en Ornig?» Da sagte der Beamte: «Schwiizer hin oder här, wänt schaffe wotsch, gasch nach Forch! Da ane muesch nüme cho, vo eus gits kän Stämpfel meh!»

Ein anderes Mal wurde ich zu einem Unternehmer auf dem Milchbuck geschickt, der Maurer suchte. Ich hatte bereits zwei, drei graue Haare an der Schläfe. Ich fragte ihn höflich, ob die Stelle noch frei sei. «Nein!» antwortete er. Ich sagte noch danke, bevor ich wegging.

Jetzt bin ich über neunzig, aber es ist gar nicht lange her, da hat mich der Schwob, ein Baumeister, gefragt, ob ich nicht nochmals für ihn arbeiten wolle. Er fragte mich ab und zu und sagte allen, er wolle den Bianchi wieder haben. Das zeigt doch, dass er mich als Arbeiter geschätzt hat. So ändern sich die Dinge, der will mich noch in meinem Alter, dem andern hingegen war ich vor mehr als vierzig Jahren schon zu alt.

Aber auch für jene, welche Arbeit hatten, war es eine harte Zeit. Die Unternehmer versuchten natürlich, die Lage auszunützen und drückten die Löhne, wo sie nur konnten. Es wurden oft heftige Kämpfe geführt, auch gab es viele Streikbrecher, wie

Zürich 1936: Stempelstelle für Arbeitslose

immer in Krisenzeiten. Es gab auch Tote, weil die «Crumiri» aus Angst mit Pistolen bewaffnet zur Arbeit gingen. Der heftigste war der Monteuren-Streik *(1932)*. Es war mehr eine Sache der Kommunisten, aber natürlich waren auch viele sozialdemokratische Arbeiter dabei. Er dauerte einige Wochen. An einem Abend war auf dem Helvetiaplatz eine Kundgebung angesagt, welche die Polizei verboten hatte. Es war aber zu spät, um die Kundgebung abzusagen. Von allen Seiten kamen die Leute zusammen, ich weiss nicht mehr, vielleicht tausend, zweitausend. Man gab die Parole durch, nicht auf dem Helvetiaplatz stehen zu bleiben, was ja verboten war, sondern an die Hohlstrasse zum Restaurant «Sonne» zu gehen. Dann kam die Polizei und forderte dazu auf, nach Hause zu gehen, es sei auch an diesem Ort verboten. Zur Antwort wurden sie ausgepfiffen. Nun gab der Polizeikommandant Befehl zu schiessen, und dann war die Hölle los. Nebenan lag eine Baustelle, die Manifestanten stiegen hinauf und warfen Steine auf die Polizisten. Diese schossen weiter, bis einer «secco» *(trocken = tot)* liegen blieb. Die Manifestanten zogen sich gegen die Langstrasse zurück und bauten Barrikaden. Die Polizei rückte vor und schoss weiter. Dann ging es hin und her, Zwinglistrasse, Dienerstrasse, hinauf und hinunter, überall wurden Barrikaden gebaut, Feuer angezündet, die ganze Nacht lang.

Es war in der Zeit des «Roten Zürich», und der Polizeichef Wiesendanger war in der Sozialdemokratischen Partei eingeschrieben. Die Kommunisten haben dann versucht, den Vorfall für sich auszunützen. Sie sagten: «Arbeiter, wer hat auf euch geschossen? Die Polizei des ‹Roten Zürich›!» Da hat Klöti den Wiesendanger zu sich gerufen: «So geht das natürlich nicht! Entweder du trittst aus der Partei aus, oder du demissionierst als Polizeichef. Du hast der Partei einen schlechten Dienst erwiesen!» Der Wiesendanger ist aus der Sozialdemokratischen Partei ausgetreten.

Einer unserer Sekretäre in der Gewerkschaft war der Rabitsch. Das war wirklich ein toller Typ. Er war Österreicher und Kommunist, wir kamen wirklich gut aus.

Einmal waren in Schlieren «Crumiri» am Werk, und Rabitsch liess mich rufen: «Bianchi, aträtte! Gang go luege, was los isch!» Wir fuhren hin, etwa 20 Leute, auf einem alten Lastwagen. Als wir ankamen, gab es einen kleinen Aufruhr, die Leute waren damals eben nicht so wie heute, es waren alles noch halbe Wilde. Sie rannten mit Schaufeln und Pickeln hinter uns her. Es entstand ein Handgemenge, und ein Mannschaftswagen mit etwa zwanzig Polizisten rückte an, um die Streikbrecher zu

Hans Rabitsch

schützen. Ich stand zuvorderst auf unserer Seite, als sich die Polizisten vor uns in einer Reihe aufstellten: «Wie heissen Sie?» schrie einer der Polizisten und zeigte auf mich. «Bianchi Pietro, Lago di Como, Lenno Casanova, Muurer . . . und organisiert!», schrie ich im gleichen Ton zurück. Da mussten sogar die Polizisten lachen, und dabei blieb es. *Da Hans Rabitsch Sekretär der Gipser war, handelt es sich bei dieser Geschichte vermutlich um einen Gipserstreik. Streikende wurden sehr oft durch Arbeitslose aus verwandten Berufen in ihrem Kampf unterstützt.*

Ein anderes Mal musste ich nach Wollishofen. Da arbeiteten auf einer Baustelle alles Saisonarbeiter, Italiener, die sich nicht an

Skizze 1945: Erminia Cella und Enrico Dezza in der Cooprativa

die Streikparole hielten. Ich stieg auf eine Mauer und sagte: «Also, ‹giovanotti›, ihr wisst doch, dass man nicht arbeiten darf!» Undsoweiter. Da sind alle miteinander erschreckt fortgesprungen, unter der Brücke hindurch. Ich hatte halt schon eine etwas laute Stimme.

Der Dezza hatte *(1909)* die Leitung der Cooperativa an der Zwinglistrasse aufgegeben, um sich als Händler selbständig zu machen. Er eröffnete mit seiner Frau eine Lebensmittelhandlung an der Badenerstrasse. Für eine schöne Anzahl Jahre ging alles gut. Er eröffnete bald einen zweiten Laden an der Seebahnstrasse und liess nach und nach seine ganze Familie aus der Romagna nachkommen. Dann schickte er seine Frau zum Teufel, damit er mit der Cella zusammenleben konnte. Als aber die Krisenjahre kamen, gingen die Geschäfte nicht mehr so gut. Als wieder ein Gerant für die Cooperativa gesucht wurde, hat er den Laden seinen Verwandten überschrieben, um mit Frau Cella und den Kindern erneut ins Copi einzuziehen *(1. April 1935)*. Dort hat er sich einiges geleistet. Sein Bruder, zum Beispiel, war Reisender in Lebensmitteln. Er lebte eine Zeitlang in Brig, reiste aber durch die ganze Schweiz. Der kaufte etwa in Graubünden Gizzis ein, die er in die Cooperativa brachte, wo sie den Preis untereinander ausmachten. Dazu kam, dass er und die Cella zusammen mit ihren sechs, sieben erwachsenen Kindern im Namen der Internationalen alle in der Cooperativa gratis assen. Ich glaube, ich bin meinen Pflichten als Sozialist immer nachgekommen: ich habe nie eine Veranstaltung ausgelassen und mich nie zurückgezogen, wenn etwas zu tun war. Vor allem aber habe ich mir nie irgendeinen persönlichen Vorteil verschafft. Für alles, was ich getan habe, hat mir nie jemand auch nur einen Rappen geschenkt. Das gibt mir das Recht, über solche Sachen zu reden. Denn, wenn es etwas gibt, was ich nie verdaut habe, sind es diese «Geschäftssozialisten»! Ich renne wie ein Verrückter von Leimbach in die Cooperativa, damit ein Essen mehr verkauft werden kann, und die machen Geld mit ihren Gizzis. Da mussten zum Beispiel gebrauchte Kleider gesammelt werden. Die brauchte es immer wieder für die antifaschistischen Flüchtlinge, für das republikanische Spanien im Bürgerkrieg und dann später im vom Krieg zerstörten Italien. Wenn ich also Zeit hatte, nahm ich meinen Leiterwagen und ging auf Kleidersammlung. *Vermutlich für das «Frauenkomitee gegen Krieg und Faschismus», die z. B. 1936 vier Zentner Kleider für das republikanische Spanien gesammelt hatte.* Einmal bin ich dabei bis in die Forch hinaufgezogen. Als ich wieder in die Cooperativa zurückkehrte, habe ich der Cella meine Ladung übergeben. Sie hat mir einen Kaffee spendiert, der kostete 25 Rappen, und ich habe mich an einen Tisch gesetzt, um ihn auszutrinken. Da sehe ich, wie die Cella die Kleider sortiert. Die schönen kamen auf einen Haufen, die weniger schönen auf einen andern. Mit den schönen hat sie ein Paket gemacht, das sie nach Italien ihren Verwandten schickte, die andern kamen in die Sammlung.

Wer in der Cooperativa das schöne und das schlechte Wetter in all diesen Jahren diktierte, war die Achse Tokio-Roma-Berlino. *Die Anspielung bezieht sich auf den im November 1937 unterzeichneten antikommunistischen (Antikomintern-) Pakt.* Tokio-Roma-Berlino waren Dezza, Biagini, Vuattolo – «che riformistoni»! Als Nenni für die Einheit mit den Turatianern war, da haben sie ihn wie einen halben Gott behandelt. Als er aber später die Aktionseinheit mit den Kommunisten unterzeichnet hatte, begannen sie ihn so zu behandeln, als ob er der Teufel wäre. Nenni konnte sagen und machen, was er wollte, es war ihnen nichts mehr recht. Kam er in Zürich vorbei, so schickten sie uns zur Begrüssung vor, da sie möglichst wenig mit ihm zu tun haben wollten.

COMITATO FRONTE UNICO DI ZURIGO

1° Maggio 1934

Quest'anno la giornata del 1° Maggio assume un'importanza speciale, in considerazione dello sviluppo della lotta di classe del proletariato di tutto il mondo, contro il capitalismo e per la realizzazione del socialismo.

Mai come oggi i contrasti fra il capitalismo in decomposizione ed il socialismo avanzante assunsero una forma così acuta.

L'avanzata rivoluzionaria continua la sua marcia irresistibile, la borghesia terrorizzata confida il potere al fascismo per soffocare nella più feroce reazione il movimento di ascesa delle classi lavoratrici.

Il terrore più selvaggio domina in alcuni paesi capitalisti, dove il fascismo agisce per la difesa degli interessi borghesi.

Contro il fascismo e la guerra i lavoratori non hanno che un solo mezzo, organizzare il loro **Fronte unico d'Azione** *per la lotta.*

A questo fine il Comitato locale del **Fronte Unico** *invita tutti i lavoratori di lingua italiana a partecipare al* **Comizio antifascista che si terrà il 1° Maggio alle ore 9.30 nella sala del Ristorante Sonne.**

Per l'Unità di Azione, per la lotta contro il fascismo e la guerra imperialista, lavoratori di lingua italiana partecipate tutti al comizio ed aderite al *Fronte Unico.*

Il Comitato locale di Fronte Unico.

Aufruf des Einheitsfront-Komitees Zürich

Uns Maximalisten hassten sie fast so sehr wie die Kommunisten. Dem Armuzzi konnten sie allerdings nichts anhaben, der hatte ein zu hohes Ansehen. Bianchi war zusammen mit Armuzzi, Vuattolo und Valär Mitglied der fünfzehnköpfigen Delegation, welche am 26.–28. Juni 1937 am Parteikongress des PSI in Paris, die sechs noch existierenden Schweizer Sektionen vertrat.

Am schlimmsten war der Vuattolo. Der führte sich in der Cooperativa wie ein Pascha auf. Abends, wenn er hereinkam, verlangte er nach der Chefin, der Cella. Die Kellner und das übrige Personal mussten immer freundlich sein und ihn zuerst begrüssen. Die Frau Cella wusste, dass sie nur eine Aufgabe hatte, dem Vuattolo gut zu kochen. Die andern fünfzig, die vielleicht dort auch noch assen, waren unwichtig.

Ich kann den Dezza nicht verstehen, dass er mit dieser Frau zusammenlebte. Sie war die hässlichste Frau von Zürich und erst noch ganz im Dienste Vuattolos.

A. Vuattolo um 1950

Sie machte dem Vuattolo nicht nur selber das Menu, sie machte auch alles speziell nach seinen eigenen Wünschen. Wenn ihm die Sachen nicht passten, die auf der Karte waren, kochte sie ihm eben etwas anderes, auf das er gerade Lust hatte. Wenn sie sah, dass Vuattolo einer Angestellten an den Hintern langte, musste sie mitlachen. Denn das bedeutete, wenn nicht heute, so morgen, dass Vuattolo mit dem Mädchen ging. Und wenn das Mädchen mitmachte, hatte es auch die Cella besser.

In Luzern waren etwa fünf gewerkschaftlich organisierte Bauarbeiter, darunter ein einfacher Bergamaske. Dieser hatte eine hübsche, etwa zwölfjährige Tochter. Nachdem Vuattolo das Mädchen im Hause des Bergamasken kennengelernt hatte, wurden ihm plötzlich die fünf Organisierten von Luzern besonders wichtig. Immer wieder schrieb er dem Bergamasken, er solle an dem und dem Tag mit der und der Tagesordnung eine Versammlung einberufen. Vuattolo erschien dann jeweils in Luzern und leitete die Versammlung. Nachher besuchte er die Familie des Bergamasken und brachte der «Piccina» Schokolade oder sonst etwas Passendes mit! Nachdem eine gewisse Zeit vergangen war, sagte er der «Piccina»: «Ich lade dich einmal nach Zürich ein, den zoologischen Garten zu besuchen!» So ein zwölfjähriges Mädchen hat natürlich Freude an so was. Weil sie noch klein war, musste sie hochgehoben werden, damit sie im Affenkäfig alles gut sehen konnte, und er hat diese Rolle gern übernommen. Er hob sie hoch und hielt sie fest, «le mola le düra», bis er sie nach Hause brachte. Es ging dann nicht mehr lange, bis der Vater der «Piccina» sagte: «Es scheint mir, dass du mit dem Vuattolo etwas zu vertraut geworden bist.» Und die «Piccina» antwortete: «Papà, s'isch scho z'schpaat!»

Sie ist später zu ihm nach Zürich gezogen. So hatte er die Cella für den Magen und die «Piccina» für das Bett. Sie hat mit ihm zusammengelebt, bis er gestorben ist, aber er hat ihr erst gestattet, in die Cooperativa zu kommen, als er älter wurde und keine seiner «Geschichten» mehr hatte.

Vuattolo ist noch vor dem Ersten Weltkrieg in die Schweiz gekommen. Er stammte aus Udine im Friaul und hatte vorher als Ziegeleiarbeiter in Deutschland gearbeitet, bis er wegen gewerkschaftlicher Propaganda ausgewiesen wurde. Hier in der Schweiz wurde er sofort als Gewerkschaftssekretär angestellt. Am Anfang betreute er die italienischen Arbeiter auf den Eisenbahnbaustellen in der ganzen Schweiz.

Ich bin von Natur aus ein Anti-Vuattolo, aber eins muss man ihm lassen, dumm war er nicht. Nachdem er sich einmal in die Gewerkschaft eingefädelt hatte, verhielt er sich wie der Fuchs im Bau. Er wusste sich dem herrschenden Wind anzupassen, das war jener der Schweizer Sozialdemokraten und nicht jener der italienischen Maximalisten. So hat er rasch Karriere gemacht und als die Fusion der Bau- und Holzarbeiter stattgefunden hatte (1921), ist er automatisch einer der Zentralsekretäre geworden. Ich kann mich erinnern, wie einmal in der Eintracht eine Versammlung der Bau- und Holzarbeitersektion war. Der Saal war voll, als ein Arbeiter aufstand und den Vuattolo heftig kritisierte. Vuattolo reagierte nicht: «Wer will das Wort? – Also los!» Und wieder wurde er angegriffen. Vuattolo liess sich nichts anmerken. «Fertig? – Wer will jetzt das Wort, der Fritz? – Guet, los!» Und einer nach dem andern stand auf und sagte seine Meinung: Vuattolo habe zu früh nachgegeben, er sei zu wenig hart aufge-

treten. Er habe dies gemacht und jenes unterlassen. So ging es eine schöne Weile und als sich keiner mehr meldete, ist er aufgestanden und hat geantwortet. Und in «vierundviergleichacht» hat er alle wieder in den Sack gesteckt.
Doch einmal ist auch er reingefallen. Da war einer, der hiess Basso, ein Genueser. Nun gibt es ein Sprichwort, dass es sieben Juden gleichzeitig brauche, um einen Genuesen hineinlegen zu können. Und

Eintracht (1930)

Vuattolo, der aus Udine kam, hat es allein versucht. In der Cooperativa wurde ein junges, wirklich hübsches Tessinermädchen aus Corticiasca eingestellt. Sie wollte den Beruf der Kellnerin erlernen und arbeitete anfangs in der Küche und später am Ausschank. Vuattolo hat sie etwas zu nahe angeschaut, und das Mädchen ist schwanger geworden. Als Vuattolo es erfuhr, ging er zu diesem Basso und bat ihn, vor Gericht zu bestätigen, dass er auch mit diesem Mädchen gegangen sei. Basso jedoch hat protestiert, das mache man nicht, das sei ein grober Schwindel. Vuattolo musste für das Kind aufkommen, bis es achtzehn Jahre alt war.
Bianchis Darstellung des Verhaltens von Vuattolo ist nicht zufällig. Wie aus den entsprechenden Jahrgängen des «Avenire» hervorgeht, mussten die italienischen Sozialisten von Zürich als Partei wiederholt zu moralischen Vorwürfen Stellung nehmen, die sich auf das persönliche Verhalten Vuattolos bezogen.
Den Faschisten kam die Idee, Abessinien den Krieg zu erklären. Sie sagten, man müsse es zivilisieren. Churchill sagte zwar Mussolini: «Was willst du die Abessinier zivilisieren gehen, wenn du Afrika im Hause hast?» Etwas Unzivilisierteres als den Faschismus kann man sich doch gar nicht vorstellen! Nun fehlte aber Mussolini das Geld, denn wenn Italien schon nie ein reiches Land war, so verschwanden noch ein grosser Teil seiner Einnahmen in den Taschen der «Gerarchi» *(wörtlich Hierarchen =*

Sizilien 1936: Arbeiter in einem Schwefelbergwerk

unter dem Duce höchste Ränge in der faschistischen Parteihierarchie). In den Zeiten des Faschismus sagte man, die Geschicklichkeit Mussolinis zu regieren, bestehe darin, immer zu wissen, welchen seiner «Gerarchi» er in die Regierung und welchen er ins Gefängnis stecken müsse. Hätte er alle klauenden «Gerarchi» ins Gefängnis gesteckt, so hätte er allein regieren müssen, hätte er aber alle in der Regierung belassen, so wäre für ihn nichts mehr übriggeblieben.

Sie konnten natürlich nicht einfach in Zürich oder in London auf die Bank gehen und sagen: «Wir brauchen Geld. Gebt uns einen Kredit, damit wir Abessinien zivilisieren können!» So kamen sie auf die Idee, das Geld dem Volk abzunehmen. Sie wussten natürlich auch, dass das Volk in der grössten Misere lebte, aber sie sagten sich, dass bei aller Armut in jeder Familie etwas Gold zu finden sei – und sei es auch nur ein Ehering. Sie mussten nur einen Weg finden, an dieses Gold heranzukommen. Farinacci hat sich der Sache angenommen. Er liess Millionen von Ringen aus billigstem Metall herstellen. Dann liess er in ganz Italien Sammelaktionen durchführen, und jeder, der seinen Ehering in einen Sammeltopf warf, bekam dafür einen Eisenring. Dieser bewies, dass die betreffende Person den echten Ring dem

Rom 1936: Die Königin eröffnet die Goldkampagne und stiftet ihren Ehering

Vaterland «geopfert» hatte, wie sie sagten. Jene, die ihren Goldring nicht geben wollten, wurden einfach erpresst. Wenn sie beispielsweise in irgendeiner Angelegenheit auf ein Amt gehen mussten und der Beamte sah, dass sie einen goldenen Ring trugen, sagte er einfach: «Was wollen Sie von mir? Sie haben Ihre Pflicht gegenüber Mutter Italien nicht erfüllt und erwarten Hilfe von mir. Sie wissen, was Sie zu tun haben, kommen Sie später wieder vorbei!» So wurden die Leute gezwungen, «im Namen der Ordnung», Mussolini das Gold für seinen Krieg zu geben.

Bei den Gerarchi war es so, dass sie Mussolini in allem nachäffen mussten. Wenn der Duce nebst seiner «Donna Rachele» noch eine Geliebte, die Petacci, hatte, so durfte ihm Farinacci nicht nachstehen und musste auch eine Geliebte aushalten. Er hatte ihr eine schöne Villa eingerichtet, zu der er einen Schlüssel besass, damit er kommen und gehen konnte, wann er wollte. Eines Tages hörte die Geliebte, wie sich der Hausschlüssel drehte, und sie machte sich bereit, den Farinacci zu empfangen. Dann hörte sie aber, wie er direkt in den Keller geht. Er kommt erst nach einer Weile in ihr Zimmer und sagt: «Du musst mich entschuldigen, ich muss gleich wieder weg. Ich bin nur rasch vorbeigekommen, weil ich etwas im Keller deponieren musste.

Ostafrika 1936: Italienische Truppen errichten in der Steppe einen Triumphbogen zu Ehren des neugegründeten Imperiums

Ich habe noch zu tun und komme später wieder. Ciao cara!» Nachdem er weg war, fing sie an zu überlegen, was er wohl im Keller deponiert habe, und nach einer Weile bekam sie Angst: «Er kommt einfach so rein und geht wieder weg, ohne Zeit für mich zu haben. Vielleicht hat er eine andere und will nichts mehr von mir wissen. Er könnte ja eine Bombe in den Keller gelegt haben, um mich zu beseitigen!» Als sie es vor Angst nicht mehr aushielt, alarmierte sie die Polizei, um den Keller durchsuchen zu lassen. Die Carabinieri fanden drei Gefässe, gefüllt mit goldenen Eheringen, die er den armen Leuten abgenommen hatte. Im «Namen der Ordnung» hatte Farinacci das Gold für sich behalten.

Bei den Gerarchi war es Mode, sich ihrer Heldentaten im ersten Weltkrieg zu rühmen. Wenn man sie hörte, waren sie alle Helden gewesen. Nur der Farinacci musste still sein, weil alle wussten, dass er sich, als Bahnhofvorstand in Cremona vom Krieg gedrückt hatte. So hatte er den Uebernamen «Onorevole Tettoia» *(etwa Perrondach-, Bahnhof-Abgeordneter)* bekommen.

Im Abessinienkrieg sah er endlich eine Gelegenheit, um auch den Ruf eines Helden zu erwerben. Er schiffte sich ein, und alle

Zürich 1936: Jugendgruppe der Antifaschistischen Liga. Vier unter ihnen kämpften in Spanien. Zwei fielen, zwei wurden verletzt. (Stehend: A. Albertoni)

italienischen Zeitungen meldeten auf der ersten Seite: «Farinacci-Freiwilliger in Abessinien!» Nach einiger Zeit kamen wieder Meldungen: «Farinacci im heroischen Kampf gegen die schwarzen Bestien schwer verletzt! Farinacci opfert dem Vaterland eine Hand!» Er kehrte nach Italien zurück und liess sich als grossen Held feiern. Doch dann hat einer seiner Freunde, der in Abessinien dabei gewesen war, eines Abends «den Ellbogen ein bisschen zu oft gehoben» und im Rausch erzählt, wie Farinacci die Hand verloren hatte. Farinacci habe von jenen, die sie die schwarzen Bestien nannten, nicht einen einzigen zu Gesicht bekommen. Wenn in einer Gegend gekämpft wurde, habe er sich immer in eine andere verdrückt. Die Hand habe er verloren, als er mit Handgranaten fischen gegangen war und ihm dabei eine zu früh explodierte.

Kaum war der Abessinien-Feldzug vorbei, brach in Spanien der Bürgerkrieg aus. Am Anfang schien es eine rein spanische Angelegenheit, aber als sich Hitler und Mussolini einmischten und Franco ihre volle Unterstützung gaben, wusste man, dass sich der Faschismus auf einen neuen Weltkrieg vorbereitete. Da begriffen wir Antifaschisten, dass man die Spanische Republik

Mussolini spricht auf der Piazza Venezia in Rom

mit allen Mitteln unterstützen musste. Die Internationalen Brigaden wurden organisiert und Freiwillige aus der ganzen Welt eilten herbei, um in Spanien gegen den Faschismus zu kämpfen, unter ihnen auch viele Italiener und Schweizer. Die Tessiner wurden mit den Italienern in der «Brigata Garibaldi» zusammengefasst, welche von Pacciardi und Nenni befehligt wurde.

Ich habe noch zwei gute Freunde hier in Zürich, die damals in Spanien gekämpft haben: Sabatini und Albertoni – beides Tessiner. Albertoni, ein einfacher Maurer wie ich, ist in Spanien sogar zum Offizier befördert worden.

Natürlich konnten nicht alle Antifaschisten einfach nach Spanien kämpfen gehen, auch hier gab es viel zu tun, um der Sache zu helfen. Man sammelte Geld, gebrauchte Kleider und Lebensmittel für die Opfer des faschistischen Krieges. Man organisierte Solidaritätsveranstaltungen, Vorträge, Ausstellungen. Denn zu viele Leute schlossen gegenüber der Gefahr des Faschismus einfach die Augen und sagten: «Was geht mich das an? Hier in der Schweiz kann so etwas nie passieren!»

Wenn Mussolini wieder eine seiner Reden auf der Piazza Venezia in Rom ankündigte, sah man auch hier in Zürich, aus welchem Stoff die Faschisten gemacht waren. Bei solchen Gelegenheiten konnte es geschehen, dass ein Faschist zufällig einem

Italienische Antifaschisten am 1. Mai-Umzug

Mädchen begegnete, das ihm gerade gefiel und er es einfach ansprach, auch wenn er es vorher nie gesehen hatte: «Signorina, ich möchte Sie einladen! Sie gefallen mir! Kommen Sie mit nach Rom, die Rede des Duce hören!» «Was glauben Sie auch, ich will doch nicht. Was soll ich denn in Rom? Ich interessiere mich nicht für Politik, und überhaupt, ich kenne Sie ja gar nicht einmal!» «Machen Sie keine Geschichten! Entweder Sie kommen mit, und die Sache ist klar, oder Sie kommen nicht, dann werde ich Sie im Konsulat als Antifaschistin denunzieren!» Wenn dann die Tochter zu Hause den Vorfall der Mutter erzählte, antwortete diese: «Ich glaube dir schon, aber was will man machen. Auch Mädchen aus andern Familien ist das schon passiert.» Sich zu weigern, bedeutete, als Antifaschistin denunziert zu werden, mit allen Konsequenzen, die das haben konnte. Zuzusagen bedeutete eine Gratisreise nach Rom, ein gutes Hotel mit einem Doppelbett im Zimmer ... dann auf der Piazza Venezia den Duce hören ... wieder ins Hotel zurück, Essen und Trinken, soviel man wollte, alles gratis! Wenn nämlich der Hoteldirektor dem Faschisten aus Zürich die Rechnung präsentierte, so zog dieser ihn auf die Seite, damit das Mädchen nichts hören und sehen konnte. Dann sagte er ihm: «Sind Sie Faschist oder Antifaschist? Passen Sie auf, was Sie machen. Ich kann Sie beim ‹Fascio› denunzieren!» Dann zerriss er die Rechnung, und der Direktor wagte nicht zu protestieren.

Auch wenn die Faschisten in Zürich zahlreich waren, so waren sie doch meistens ziemlich feige. Ihre Methoden waren eher dumm und hinterhältig. Einmal haben sie die Polizei gerufen: Wir Antifaschisten hätten ihnen eine Bombe ins Konsulat geworfen. Die Polizei solle etwas gegen uns unternehmen, auch wenn es zum Glück keine Verletzten und nur wenig Schaden gegeben habe. Die Polizei brauchte wenig, um herauszufinden, dass die «Bombe» ein Fiasco Benzin gewesen war, den sie selbst angezündet hatten, um den Verdacht auf uns zu lenken. Wir demonstrierten bei jeder Gelegenheit gegen sie. Meist zogen wir vom Helvetiaplatz los, zum «Commercio», dann zum Konsulat beim Pfauen und wieder zurück, am «Baur au Lac» vorbei. Wir zogen überall vorbei, wo sie anzutreffen waren. Wir trugen Spruchbänder mit Parolen wie: «Nieder mit dem Faschismus, es lebe die Freiheit» oder «Wir antifaschistischen Italiener». Ich trug meistens die rote Fahne.

Manchmal kam es zu Schlägereien, wenn wir ihnen begegneten. So hatten wir einmal, bevor wir an das Fest der Schule nach Gontenbach gingen, einen Umzug durch die Stadt gemacht. Am Sitz des «Fascio» riefen wir: «Faschisten – Mörder» und «Nieder mit der Faschisten-Kanaille». Da sie zahlreicher waren als wir, hatten sie den Mut, uns entgegenzutreten. Da hat es eine ganz heftige Schlägerei gegeben. Aber im allgemeinen hatten sie Angst vor uns. Sie liebten es zwar, in Uniform und mit dem «Vessillo» als Helden aufzutreten, aber nur, wenn wir nicht in der Nähe waren.

Der zweite Weltkrieg

Als der zweite Weltkrieg ausbrach, wurde ich hier in Zürich dem Luftschutz zugeteilt, der ersten Kompanie. Sie bestand vor allem aus Maurern, Handlangern, Ingenieuren, Bauführern und solchen Leuten. Ich bin natürlich auch im Luftschutz immer als Antifaschist aufgetreten und habe meine Meinung gesagt. Die Offiziere sagten mir immer wieder: «He Bianchi, pass uf, wasst seisch! Du dörfsch da nüd eso rede!» Die Zusammensetzung in der Kompanie war nämlich so: der Hauptmann war ein Fröntler, ein Nazi. Mit der Zeit hatte er mehr oder weniger alle Offiziere auf seine Seite gebracht. «Ja Bianchi», sagte er mir manchmal, «du bisch scho chli en gfährliche Kolleg!»  Wenn ich zurückfragte warum, sagte er nur: «Wäge dem und disem, du redsch immer eso schlächt vom Mussolini!»

Der Wachtmeister hingegen, ein Appenzeller, war solidarisch mit mir. Sooft er konnte, machte er, dass wir zusammen auf Patrouille gehen konnten. «Bi dir bini sicher, das i cha rede! Du gasch nöd grad alles go witerverzelle!» So konnten wir uns auch erlauben, ab und zu zusammen ein Bierchen trinken zu gehen. Im Dienst musste man dreimal pro Nacht aufstehen und auf Patrouille gehen. Man musste kontrollieren, ob alle Häuser gut verdunkelt waren, und ob nichts Verdächtiges passierte.

Die Fröntler in der Schweiz arbeiteten nicht mit dem Faschismus zusammen, aber sie betrachteten sie trotzdem wohlwollend. Sie rechneten mehr mit den Deutschen, es waren eben auch Nazis. Der Nazismus hatte mit dem italienischen Faschismus wenig zu tun, er äusserte sich ganz anders – viel brutaler und gewalttätiger! Denn die Italiener, auch wenn sie Faschisten waren, blieben immer noch Italiener und nahmen die Sache deshalb auch etwas leichter, weniger fanatisch. Kurz bevor auch Italien

Ein Zürcher Luftschutzbataillon bei der Vereidigung

Mussolini verliest die Kriegserklärung auf der Piazza Venezia in Rom

in den Krieg eintrat, bin ich beim Tod meiner Mutter nach Lenno zur Beerdigung gegangen. Es war das erste Mal seit der Amnestie, dass ich nach Hause kam, aber ich blieb nur so lange, wie es nötig war, um alle Familienangelegenheiten zu regeln.

Am 13. September 1940 musste Bianchi im Alter von 55 Jahren die Berufsfertigkeitsprüfung als Maurer nachholen. Er schloss sie mit einer Note von 1,8 ab.

Ein weiterer grosser Fehler Mussolinis war, dass er Frankreich den Krieg erklärte, als Hitler bereits halb Frankreich eingenommen hatte. Die Franzosen haben ihm das nie verziehen. Schliesslich hat Frankreich nach dem ersten Weltkrieg Italien auch geholfen, und Triest ist nur mit der Hilfe Frankreichs zu Italien gekommen. Aber Mussolini hat einfach dabei sein und sich auch ein Stück vom Kuchen abschneiden wollen. Er hat behauptet, Nizza müsse zu Italien gehören, weil Garibaldi dort geboren sei.

In Mentone, an der Küste, hat es eine grosse Schlacht gegeben. Mir hat später ein Italiener erzählt, der den Krieg dort mitmachen musste, wie es gewesen war. Mussolini glaubte, ein leichtes Spiel zu haben, da sich die Franzosen alle auf Hitler konzentrierten. Aber er hatte sich getäuscht. Da war ein Tal, das von den

Um an der Beerdigung seiner Mutter teilnehmen zu können, brauchte Bianchi ein Visum. Sein Bruder erzählte, Bianchi habe es damals riskiert, ein grosses Portrait Matteottis mitzubringen. Der erschrockenen Familienrunde habe er kurz und bündig erklärt, er könne in Italien nicht ohne dieses Symbol des Antifaschismus schlafen. Das Bild sei nach seiner Abreise sorgsam versteckt worden, es hängt auch heute noch im Haus.

Bergen gegen das Meer hinunterführt. Dort haben die Franzosen den Italienern aufgelauert. Die Deutschen haben sie zu diesem Zeitpunkt nicht einmal mehr angeschaut, weil sie wussten, dass gegen sie nichts mehr zu machen war. Aber dem Mussolini wollten sie es noch zeigen. Als die Italiener in jenes Tal vormarschierten, da haben die Franzosen alle massakriert, die sie erwischen konnten, so gross war ihr Hass auf die Faschisten. Erst als die Deutschen ganz Frankreich besetzt hatten, konnte Mussolini in Nizza einmarschieren.

Als Mussolini seine Faschisten auf der Piazza Venezia versammelte und ihnen vom Balkon seine Reden hielt, da konnte er ihnen noch imponieren: «Camerati, angenommen, morgen wagt ein Fremder seinen Fuss auf den heiligen Boden Italiens zu setzen, sagt mir, meine faschistischen Camerati, sagt eurem Duce, was werden wir tun?» Da schrien dann alle im Chor: «Viva l'Italia, viva il Duce, a morte il nemico!» «Camerati fascisti, seid ihr bereit, für die Ehre des grossen Italiens dem Duce in den Tod zu folgen?» «Alalà», schrien wieder alle zurück, und der Duce schloss eine Rede: «Camerati, der Duce dankt euch, euer Mut hat mich sehr gefreut!»

Nachdem er Nizza besetzt hatte, kam er auf die Idee, Griechenland den Krieg zu erklären. Dort hat er den Mut seiner Faschisten kennengelernt. Auf der Piazza Venezia waren alle Löwen, mit einer Freundin am Arm, die ab und zu ein Küsschen gab: «Was für ein schöner Abend. Wie gut der Duce spricht! Bevor wir ins Hotel zurückkehren, will ich mit dir tanzen gehen!» Als er sie in Griechenland auf die Probe stellte, musste er die Deutschen zu Hilfe holen, sonst hätten ihm die Griechen seine Faschisten in einem Zug bis nach Rom zurückgeworfen.

Als Hitler daran dachte, die Schweiz zu erobern, haben ihn einige Generäle gewarnt: «Wenn du die Schweiz angreifst, machst du einen grossen Fehler!» Denn die Schweiz ist nicht gerade nichts, auch wenn sie klein ist, hat sie ihre Interessen überall in der kapitalistischen Welt. Natürlich nicht die Schweiz der Maurer und Handlanger, sondern jene der grossen Banken. Die Schweiz ist das Land auf der Welt, wo die Kapitalisten ihr Geld am sichersten hinterlegen können.

Solange der Krieg für die Achsenmächte gutging, machten der Konsul und die Angeber von der «Biancheria» *(einige der füh-*

Kameraden!

Der Gemeinschaftsabend am 7. Februar 1942 ist die erste Kundgebung welche von den deutschen und italienischen korrespondierenden Organisationen in Zürich, der Deutschen Arbeitsfront und dem Dopolavoro, veranstaltet wird.

Wir beginnen dadurch eine neue Art von kameradschaftlicher Zusammenarbeit, von deren Erfolg — an dem wir nicht zweifeln — die Weiterarbeit auf allen uns gemeinsam berührenden Arbeitsgebieten abhängen wird.

Wir sind sicher, dass die italienischen und die deutschen Kameraden vollzählig an unserer kameradschaftlichen Veranstaltung teilnehmen und dadurch ihren Beitrag zum guten Gelingen unserer Veranstaltung leisten werden.

Wir danken allen, welche durch ihre Mitarbeit, durch die Abgabe einer Tombola-Spende oder durch ihre Teilnahme am kameradschaftlichen Abend zum guten Gelingen dieser Kundgebung beitragen.

Anlässlich unserer ersten Zusammenarbeit gedenken und grüssen wir die Soldaten unserer beiden Völker, die Schulter an Schulter an den verschiedenen Fronten kämpfen.

Heil Hitler!

Il Direttore del Dopolavoro
Sezione Zurigo:

Schiavi

Die Deutsche Arbeitsfront-
Auslandsorganisation,
Ortsgruppe Zürich:

Poszt

Ausweise sind mitzubringen. Laut Vorschrift der Schweizer Behörden dürfen Schweizer an unserer Veranstaltung nicht teilnehmen.

Gemeinsame Veranstaltung von Faschisten und Nationalsozialisten in Zürich renden Faschisten in Zürich hiessen Bianchi oder Bianca) ein grosses Geschrei: «Der historische Moment ist gekommen, um für das Vaterland ein Opfer zu bringen!» Nach der Devise «armiamoci e partite» *(etwa: wir bewaffnen uns, und ihr rückt ein)* suchten sie möglichst viele Freiwillige aufzubieten, damit sie in Rom gut angesehen wurden. Es gab dann schon ein paar Fanatiker und «Mammalucchi» *(Einfaltspinsel)*, die abgereist sind. Die meisten waren hier aufgewachsen, sprachen besser deutsch als italienisch und kannten Italien nur durch die faschistische Propaganda, die faschistische Ferienkolonie am Meer, oder die Reise nach Rom, um den Duce zu hören. Solange die Sache gut ging, ging es auch ihnen gut. Sie waren alle Helden, die darauf achteten, dass sie sich nicht zu stark exponierten.

Dann kam die Zeit, wo sich die Lage änderte. Der König jagte Mussolini zum Teufel und machte Frieden mit den Alliierten. *Am 25. Juli 1943 führte die rapide Verschlechterung der Kriegslage für die Achsenmächte zur Absetzung und Verhaftung Mussolinis. Der König setzte Marschall Badoglio als neuen Regierungschef ein, der am 8. September den Waffenstillstand zwischen Italien und den Alliierten verkündete. Italien wurde darauf durch deutsche Truppen besetzt, 22 000 italienische Soldaten überschritten in der Folge die Schweizer Grenze und wurden interniert. Nach der Eroberung Siziliens setzten die alliierten Truppen am 9. September nach Kontinental-Italien über. Gleichentags wurde von sechs antifaschistischen Parteien (Kommunisten, Sozialisten und der aus «Giustizia e libertà» hervorgegangene Aktionspartei, Christdemokraten, Liberalen und der kleinen Gruppe «Arbeits-Demokratie») das nationale Befreiungskomitee CLN gebildet. In ganz Italien bildeten sich erste Partisanenformationen, die den Kampf gegen die deutschen Besatzer aufnahmen. Mussolini wurde am 12. September von SS-Truppen befreit und nach München gebracht, wo er am 23. September nach Absprache mit Hitler die Gründung eines republikanischen faschistischen Staates innerhalb der von Deutschland besetzten Zone Italiens verkündete, die Republik von Salò. Der mit dem König nach Süditalien geflüchtete Badoglio erklärte am 13. Oktober 1943 Deutschland den Krieg. Trotz des nazi-faschistischen Terrorregimes setzten in Norditalien grosse politische Streikbewegungen in den letzten Monaten des Jahres ein.*

Militärpostkarte: Skizze zu Salò eines in der Schweiz internierten Italieners

Die Deutschen besetzten Italien, und Mussolini gründete später die «Repubblica di Salò». Als nun das Volk sah, dass der Faschismus am Verlieren war, erhob es sich, um die Sache abzukürzen. In den Bergen bildeten sich Partisanenverbände, und in den Städten wurden grosse Streiks organisiert. Die Deutschen und die faschistischen Republikaner massakrierten die Bevölkerung, wo sie nur konnten. Von jenen aber, die für die Ehre Italiens von hier aus in den Krieg gezogen waren, stellten sich viele in den Dienst der Deutschen, wurden Dolmetscher und Spitzel gegen die eigenen Landsleute.

Die Partisanen hatten das Ossolatal vom Simplon bis zum Verbano, von der Grenze bei Brissago bis hinunter nach Stresa von allen Deutschen und Faschisten befreit und die «Repubblica d'Ossola» gegründet *(10. September 1944)*. Wir Antifaschisten in der Schweiz versuchten zu helfen, wo wir konnten, viele sind über die Grenze gegangen und in die Partisanenverbände eingetreten. Es wurde eine Regierung gewählt um das Territorium zu verwalten. Aber sie konnten sich gegen die nazi-faschistischen Truppen auf die Dauer nicht halten. Diese haben eines Tages einen grossen Angriff gemacht mit Panzern und den besten

Flüchtlinge an der Landesgrenze – dem Schweizer vorenthaltene Realität!

Waffen die sie hatten. Da mussten sich die Partisanen nach einem heftigen Kampf zurückziehen. Sie haben bis zum letzten Augenblick zu widerstehen versucht. Als nichts mehr zu machen war, haben sie die Grenze überschritten und sich in der Schweiz internieren lassen. *Allein in Zürich wurden nach dem Zusammenbruch der Ossola-Republik am 21. Oktober 1944 über hundert Kinder von antifaschistischen Familien aufgenommen und bis Kriegsende betreut.*

Einmal bin ich auf einem Ausflug nach Caprino gegenüber Lugano gekommen. Es hat ja nur drei, vier Häuser dort, und da bin ich den Weg entlang spaziert, der etwas erhöht dem See entlang führt. Nach einiger Zeit stiess ich auf ein neues Gebäude, das aussah wie so eine Art Garage oder Lagerschuppen, und ich habe mich gewundert, zu was es an diesem abgelegenen Ort dienen könne, weil man dort ja nur zu Fuss hingehen kann. Als ich einem Mann begegnete, sprach ich ihn darauf an. «Sind Sie aus der Gegend, oder sind Sie auf der Durchreise?» fragte er zurück, da ich ihn im Dialekt angesprochen hatte. «Nein, nein», sagte ich, «ich bin auf der Durchreise. Ich lebe in Zürich und mache einen Ausflug!»

Internierte in einem Schweizer Lager

Da hat er mir die Sache erklärt. Es war ein Lagerraum der Schmuggler. Sie hatten vom Belvedere zuhinterst in der «Valle d'Intelvi» den ganzen Berghang nach Caprino hinunter ein Drahtseil gespannt. Die Schmuggler brachten die Waren mit Lastwagen ins Belvedere hinauf, hängten sie ans Drahtseil und liessen sie über die Grenze nach Caprino hinuntergleiten. Achtzig Tonnen Ware pro Nacht; vor allem Früchte, Reis und Teigwaren. Von diesem Gebäude aus wurden die Waren mit Schiffen nach Lugano gebracht, wo sie wieder auf Lastwagen verladen und nach Zürich weitergeschickt wurden. Dort kassierten die Schmuggler während der ganzen Kriegszeit auf dem Schwarzen Markt Millionen.

In der Gegend des Comersees haben die Leute schon eher Glück gehabt im letzten Krieg, denn dort, wo der Krieg wirklich hinkam, wie in Rom, Neapel und an andern Orten, da haben die Leute Furchtbares durchmachen müssen. Aber in Lenno haben sie kaum ein Gewehr gesehen. Dafür litten sie unter dem Schmuggel. Die Schmuggelware kam ja nicht vom Himmel. Das waren alles Lebensmittel, die in der Gegend des Comersees hätten verteilt werden müssen. Irgendein korrupter Beamter, der mit den Schmugglern unter einer Decke steckte, eignete sich die

Zusatz-Lebensmittelkarte für Schwerarbeiter

Ware an und liess sie verschwinden. Und die «Herren der Ordnung», die Faschisten? Nicht einem ist es in den Sinn gekommen, der Sache nachzugehen und da hinten in der «Valle d'Intelvi» Ordnung zu schaffen.

Meine Schwester – «messa e lavoro, lavoro e messa» – hat mir später erzählt, wie sie damals bis nach Bergamo und Brescia hatte reisen müssen, um 20 Kilo Polenta kaufen zu können.

Die Armut zwingt dich manchmal, Sachen zu machen, die du sonst niemals machen würdest. Aber soweit zu sinken wie diese Schmuggler-Kanaillen! Tagsüber sitzen sie im Dorf herum und sehen, wie die Leute verzweifelt sind in ihrer Misere, sehen, wie die Kinder weinen und die Mütter um etwas zu essen bitten, sehen die Mütter, die nicht wissen, was sie den Kindern sagen sollen weil nichts mehr da ist. Diese Kanaillen sitzen den ganzen Tag herum, sehen und hören das alles und schweigen, machen keinen Wank.

Abends schleichen sie sich davon und schmuggeln das Essen, das für die Nachbarn bestimmt ist, über die Grenze, wo es in den dicken Bäuchen der Bourgeois landet. Hier in der Schweiz waren ja diese Waren alle rationiert im Krieg und die Preise von der Regierung festgelegt, und jeder bekam ungefähr gleichviel, je

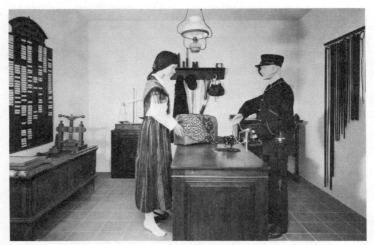

Das als «Schmugglermuseum» bekannte Schweiz. Zollmuseum befindet sich ...

... direkt unterhalb des Bellvedere bei Caprino

nach der Situation, in der er lebte. Den Kindern gab man etwas mehr Milch als den Erwachsenen, und die Arbeiter, welche Schwerarbeit machten, bekamen mehr Fleisch und Öl. Alle hatten ein wenig, und niemand hatte zuviel. Diese Schmuggelwaren nun, die wurden natürlich nicht in Zürich-Aussersihl oder im Industriequartier verteilt, sondern kamen direkt auf den Zürichberg, wo die Leute Geld hatten und jeden Preis bezahlen konnten. Manchmal muss man sich fast schämen, ein Comasco zu sein. Ich hoffe nur, dass diese Kanaillen zu hören bekommen, was ich hier sage; denn ich habe noch nicht aufgehört, sie anzuklagen!

Als die Nazis und die Faschisten die italienischen Juden zu deportieren und zu ermorden begannen, flüchteten viele und versteckten sich. Denn unter den Italienern hat es nie einen

Antisemitismus gegeben. Das ging so weit, dass viele Italiener erst erfuhren, dass sie Juden waren, als sie verfolgt wurden. Viele dieser Flüchtlinge versuchten in die Schweiz zu kommen, wo ihr Leben nicht in Gefahr war. Natürlich konnten sie sich nicht einfach in den Zug setzen und in Chiasso über die Grenze kommen. Denn erstens wären sie vorher erwischt worden, und zweitens hätten sie die Schweizer Zöllner nicht hereingelassen. Denn hier hiess es ja immer, dass das Boot voll sei. So waren sie gezwungen, heimlich an unbewachten Orten die Grenze zu überqueren. Sie hatten deshalb die Hilfe von Leuten nötig, die sich an der Grenze auskannten. Sie kamen nachts in diese Dörfer im Comasco, entlang der Grenze, und klopften bei Leuten an, von denen sie wussten, dass sie ihnen weiterhelfen würden. In diesen Dörfern, wo alle alles über alle wissen, ist es kein Problem zu wissen, wer vom Schmuggel lebt und alle Tricks und Kniffe kennt, um über die Grenze zu gelangen. Angenommen, die Flüchtlinge haben die Adresse eines ehrlichen, mutigen Pfarrers bekommen. Der Pfarrer lässt einen dieser Schmuggler rufen, der kommt und sieht, dass hier zehn, zwölf Leute über die Grenze wollen. «Herr Pfarrer, Sie sehen selbst, die Leute kommen aus der Stadt und sind es nicht gewohnt, sich in schwierigem Gelände zu bewegen! Um nichts zu riskieren, kann ich nur einen aufs Mal hinüberbringen!» Die armen Leute sehen das ein, und man einigt sich auf einen gerechten Preis für jede Person. Dann zieht der Schmuggler mit dem ersten los. Wenn sie die Höhe des Berges erreicht haben, kurz vor der Grenze, hält diese Kanaille an: «Hören Sie, für diesen Preis kann ich Sie nicht mehr weiterführen! Wollen Sie hier bleiben, oder wollen Sie hinüber?» So

Monsignor Angelo Sironi, Erzpriester von Lenno

nahm er dem armen Flüchtling das ganze Geld ab, bevor er ihn über die Grenze brachte. Wehe, wenn er nicht bezahlt hätte! Er wäre von der Kanaille verlassen oder gar in irgendeine Schlucht gestossen worden. Der Halunke hätte ja immer noch von einem Unglück sprechen können. Dann kehrte die Kanaille zum Pfarrer zurück, um den nächsten abzuholen. «Herr Pfarrer, es ist gut gegangen. Der arme Mann hat vor Freude geweint, als wir in der Schweiz angekommen sind!» Mit einem nach dem andern haben sie das Spiel wiederholt. Diese dreckigen Kanaillen haben Geld verdient, wie wenn es Sand gewesen wäre. Als sich der Wind zu drehen begann, wurde die Situation für uns Antifaschisten wieder einfacher. Die Polizei kontrollierte uns nicht mehr so stark, und auch der Konsul wollte ja nach dem Faschismus weiterhin Karriere machen. Eines Tages hat er dem Fascio die Schlüssel für die «Casa d'Italia» abgenommen und ist damit zu Armuzzi gegangen: «Wenn ihr wollt, könnt ihr die Schlüssel haben!» So wurde die «Casa d'Italia» zum Zentrum der Antifaschisten.

Mit der Besetzung Frankreichs waren alle Exil-Föderationen des PSI, mit Ausnahme der schweizerischen, in die Illegalität verdrängt worden. 1939, bei Beginn des Krieges, wurde in der Schweiz dem PSI wie allen andern italienischen antifaschistischen Parteien jede Aktivität untersagt. Trotzdem sicherte der Vorstand der schweizerischen Föderation des PSI an seinem Sitz in der Cooperativa in Zürich die Kontinuität der gesamten Parteileitung, bis sich diese 1944 in den befreiten Gebieten Italiens neu konstituieren konnte.

Die «Colonia Libera Italiana» wurde *(1943)* gegründet. Im Komitée *(Vorstand)* waren alle antifaschistischen Parteien vertreten: Schiavetti *(vom «Partito d'Azione»)*, Sabatini *(für die Kommunisten)*, Lezzi *(für die Sozialisten)*, Casadei *(für die Republikaner)* und Medri vertrat die «Mansarda» *(und die Anarchisten)*. Erster Präsident wurde der Professor Schiavetti. Nach seinem Wegzug nach Italien wurde Armuzzi zum Präsidenten gewählt.

Nach dem Sturz Mussolinis wurden in allen wichtigen Orten lokale Sektionen der «Colonia Libera Italiana» gegründet, in welchen die Antifaschisten gemeinsam die wichtigsten vom Faschismus aufgebauten Institutionen übernahmen und in ihrem Sinne weiterführten oder liquidierten. In Zürich betraf es vor allem die «Casa d'Italia», die eine Bar, eine Turnhalle, ein Kino, einen Theatersaal und eine Vielzahl gut eingerichteter Sitzungs- und Schulzimmer hatte. Eine Vielfalt von Vereinen und Organisationen aus dem kulturellen, sportlichen oder Unterhaltungssektor entfalteten schnell eine rege Tätigkeit.

Assistenza Italiana - Zürich

Italiener!

Unser Vaterland ist vom schrecklichsten aller Kriege heimgesucht. Fremde Heere stecken alles in Brand, plündern und zerstören. Ganze Dörfer werden dem Erdboden gleichgemacht. Tausende von Geiseln, Frauen und Kinder werden getötet. Das Beste unseres Volkes welches die nationale Ehre und das wenige Uebriggebliebene verteidigt, wird gleich Wild gejagt.

Aus Bränden und aus dem vergossenem Blute wird die Morgenröte der Wiedergeburt emporsteigen. Die Rettung des Vaterlandes liegt im Zusammenhalten aller Bürger.

In Italien, im einzigen befreiten Italien, wo sich die verschiedensten Parteien und Tendenzen zur Rettung der Nation vereinigt haben, bleibt der politische Kampf aus. Eintracht und Zusammenarbeit leiten den Wiederaufbau unserer Heimat.

Wir Italiener in Zürich befinden uns in einem der wenigen freien und kriegsverschonten Länder Europas; eben daraus erwächst uns die Pflicht uns zu vereinigen und nach Kräften zu helfen.

Früher wurde für jedes Mitglied ein obligatorischer Beitrag festgesetzt, um unseren ärmeren Mitbürgern zu helfen; wir aber verlangen von Allen die bewusste, freiwillige Erfüllung dieser moralischen Pflicht.

Freunde Italiens!

Italien gehört nich nur denen, die innert seiner Grenzen geboren sind, Italien ist allgemeines Gut und gehört der ganzen Welt. Für Alle ist Rom, nicht das kaiserliche, sondern das geistige Rom, ein Leuchtturm der Zivilisation.

Italiener, Freunde Italiens!

In Zürich sind italienische Familien, in deren Häusern Armut herrscht, Greise ohne jegliche Unterstützung, tausende von Leuten, die ihre Häuser verliessen und sich in die Schweiz flüchteten, weil ihre Menschenwürde und ihr Leben bedroht waren; italienische Soldaten, die die Waffen niederlegten, um sie nicht gegen die eigenen Brüder zu richten.

Dringend ist auch das Problem der in Deutschland sich in Gefangenschaft befindlichen Italienischen Soldaten, welchen alles fehlt, besonders Arzneien, und der Deportierten, deren Schicksal so grausam ist, dass die Worte es zu beschreiben fehlen.

Alle brauchen moralische und materielle Hilfe; alle brauchen Euch und uns. Die italienische Gemeinschaft in Zürich, die von jenem Solidaritätsgeist beseelt ist, der einzig das Vaterland retten kann, hat sich, als allererste Aufgabe die Unterstützung der unbemittelten Mitbürger sich zum Ziel gesetzt.

Ein Komitee wurde gebildet zur Neuorganisation des alten italienischen Hilfsvereins und zwar auf völlig unabhängiger und apolitischer Grundlage. Seit dem 2. August ist der Italienische Hilfsverein täglich tätig und versucht dieser Aufgabe gerecht zu werden.

Gross ist aber die Not, und die uns zur Verfügung stehenden Mittel sind den Erfordernissen bei weitem nicht gewachsen.

Italiener, Freunde Italiens, helft diese Leiden lindern, helft den weniger bemittelten Brüdern ihre Würde und Hoffnung hochzuhalten. Jeder gebe nach seiner Möglichkeit!

Kleidungsstücke, Bücher, Zeitungen, bitte an : Comitato Femminile dell'Assistenza Italiana, Erismannstr. 6 zu senden. Geldgaben an die Assistenza Italiana aut Postscheckkonto N. VIII - 19153.

IL COMITATO PER LA RIORGANIZZAZIONE
DELLA SOCIETÀ DI ASSISTENZA ITALIANA DI ZURIGO

R. ASCARELLI, Presidente — B. ENGEL, Cassiere — P. SACERDOTE, Segretario — CURZIO BERTOZZI — Sig.ra L. CHIESI — Sig.ra E. LONGA — G. MEDRI — F. MORESCHI — G. NOTO — Sig.ra SCHIAVETTI — E. VOLLI.

Die Institutionen der italienischen Kolonie werden reorganisiert

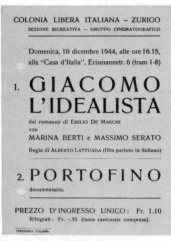

Es entstehen zahlreiche neue Freizeitorganisationen

Wir hatten die «Stella Rossa» organisiert, um den Faschisten etwas besser auf die Finger schauen zu können. Die grössten Fanatiker unter den Faschisten druckten ihrerseits eine «Stella nera», es war die «Stella Filante» der «Arditi». *«Stella Rossa» war ein periodisch erscheinendes hektografiertes Bulletin, das allen offenstand, die mit dem Faschismus abzurechnen hatten. Gedruckt wurde es von Antonio Sabatini, aber auch Armuzzi und Schiavetti gehörten zu den Initianten. Bewusst wurde auf jede redaktionelle Bearbeitung der Zuschriften verzichtet, so dass die Beiträge mit grammatikalischen und orthographischen Fehlern erschienen, damit die Korrespondenten sich mit dem Gedruckten wirklich identifizieren konnten und nicht nachträglich das Gefühl hatten, manipuliert worden zu sein. «Stella Rossa» hatte in der italienischen Kolonie von Zürich ein grosses Echo gefunden. Die verbleibenden wenigen Faschisten versuchten mit der «Stella Filante», die Bianchi spasseshalber «Stella nera» nennt, deren Angriffe zu parieren.*

Der Weinhändler D. V. war auch Mitglied des Fascio, wenn auch kein fanatisches. Aber dann, ich weiss nicht mehr wie, haben wir herausgefunden, dass er den Raum und die Einrichtung zur Verfügung stellte, damit die Faschisten ihre «Stella Filante» drucken konnten und es in der «Stella Rossa» veröffentlicht. Ein Tessiner Genosse, Camponovo, er war Gipser von Beruf, hatte das gelesen, kannte aber D. V. nicht. Wie wir nun eines Abends in der Gegend der Neufrankengasse sind, sehen wir den Weinhändler, wie er zum Tessiner Keller *(heute als «Räuberhöhle» bekannt)* geht, und einer sagt dem Camponovo den Namen des Mannes. «Dem werde ich es zeigen, der hat seine Lektion verdient!», sagte Camponovo und rannte ihm nach.

Mussolini wurde beim Torpfeiler (links) hingerichtet

«Stimmt es, dass du der D. V. bist?» Der hat kaum antworten können, und schon hatte er eine gehörige Tracht Prügel abbekommen. Er fiel zu Boden und verletzte sich, so dass er ins Spital gebracht werden musste.

D. V. zeigte den Camponovo wegen Körperverletzung an, liess aber durchblicken, dass er die Anzeige wieder zurückziehen würde, wenn Camponovo ihm sämtliche Spitalkosten vergüten würde. Da er sich aber im Spital in der teuersten Abteilung hatte unterbringen lassen, hätte Camponovo als einfacher Arbeiter niemals das Geld aufbringen können, um die Strafklage zu vermeiden. Casadei verfügte als einziger von uns über etwas Geld, da er ein kleines Gipsergeschäft hatte, er bezahlte dann die Rechnung. Der Republikaner Casadei bezahlte, damit der Kommunist Camponovo nicht ins Gefängnis kam! *Der Weinhändler hatte von Camponovo auch noch 30000 Franken Schmerzensgeld verlangt, damit er die Strafanklage zurückziehe. Diese Summe hätte auch Casadei niemals aufbringen können. D. V. zog die Strafanzeige erst zurück, als er realisieren musste, dass von der «Stella Rossa» ein Boykott seiner Weine organisiert wurde, an den sich eine ansehnliche Zahl italienischer Wirtschaften hielt.*

Mussolini ist von den Partisanen in Dongo am Comersee verhaftet worden, als er versuchte, als deutscher Soldat verkleidet, zusammen mit seiner Geliebten Claretta Petacci und seinem Paladin Bombacci in die Schweiz zu flüchten. Seine Tochter, die Edda Ciano, hatte er schon früher vorgeschickt, die spazierte friedlich in Lugano herum. Die Antifaschisten waren natürlich entschlossen, ihn zur Rechenschaft zu ziehen und nicht zu gestatten, dass er ungestraft ins sichere Ausland fliehen konnte. Sie hatten ein Volkstribunal gewählt das ihn zum Tode verurteilte. Als die Partisanen dem Kommando meldeten, dass sie Mussolini verhaftet hätten, kam der Befehl, ihn unverzüglich hinzurichten. Am Tage darauf haben sie ihn nach Giulino di Mezzegra geführt. Bei einer Mauer neben einem Tor haben sie ihm das Urteil verlesen und ihn mit der Petacci erschossen. Man sagt, dass er selber als Feigling gestorben sei, «fosse morto male»! Mussolini hatte einige Jahre früher befohlen, dass die Gemeinden Lenno, Mezzegra und Tremezzo zu einer einzigen Gemeinde zusammengefasst wurden. So hat er noch dafür gesorgt, dass ich heute sagen kann: Sein Ende hat er in meinem Heimatdorf gefunden!

Als Mussolini noch lebte, hat es in Italien 50 Millionen Faschisten gegeben. Drei Stunden nachdem er tot war, gab es keine mehr, da gab es plötzlich 50 Millionen Antifaschisten. Sobald die Vogelscheuche verschwunden war, sagten sie alle: «Lasst es gut sein, kehren wir wieder zu den guten alten Zeiten zurück!»

Der Kampf geht weiter

Sekretär der «Colonia libera» war der Aldo Sampieri, ein Romagnolo wie Armuzzi. Sampieri war ein etwas aufdringlicher Typ. Er schmeichelte immer allen Leuten. Wenn er zum Beispiel irgendwo dem Armuzzi begegnete, fiel er ihm um den Hals: «O mio caro Armuzzi, mein Landsmann, wie geht es dir? Was hast du neues zu erzählen?» Er war kurz nach dem ersten Weltkrieg nach Zürich gekommen und betrieb einen Lebensmittelladen an der Walchestrasse beim Drahtschmidli. Da er praktisch alle Antifaschisten kannte und immer an alle Veranstaltungen ging, wusste er stets genau, was los war. Er galt fünfundzwanzig Jahre lang als ehrlicher Antifaschist, bis herauskam, dass er ein Spion der Faschisten war. Ich erinnere mich zum Beispiel, wie ich ihn einmal in der Nähe des Bahnhofes gesehen habe in Begleitung eines Fräuleins, einer guten Kommunistin. Ich hörte zu, wie sie ihm erklärte: «In dieser Frage müssen wir Kommunisten diesen und jenen Weg einschlagen!» Sie hat ihm des langen und breiten erzählt, was die Partei in einer bestimmten Angelegenheit unternehmen werde. Das arme Mädchen war guten Glaubens, denn niemand wusste, dass er ein dreckiger Spion war.

Es war Nenni, der Sampieri nach Kriegsende entlarvt hat. Nenni war Vize-Ministerpräsident geworden und hat sich die Mühe genommen, die Akten der faschistischen Polizei durchzuschauen. Da hat er zufällig herausgefunden, dass Sampieri ein Spion der OVRA, der faschistischen Geheimpolizei, gewesen ist. Er hat uns einen Brief geschickt, der alle Beweise enthielt. Sampieris Laden war nur eine Proforma-Angelegenheit, er wurde ja von den Faschisten bezahlt. Seine Frau war immer sehr vornehm angezogen. Sie trug Pelzmäntel, die damals schon tausend Franken kosteten.

Als nun der Brief von Nenni kam, hat niemand etwas verlauten lassen. Sampieri ist zu einer dringenden Sitzung in die «Casa d'Italia» eingeladen worden, da er nichts ahnte, ging er hin. Die Sitzung wurde eröffnet, ein Genosse hat das Wort verlangt und gesagt: «Genossen, Thema Nummer eins der heutigen Sitzung

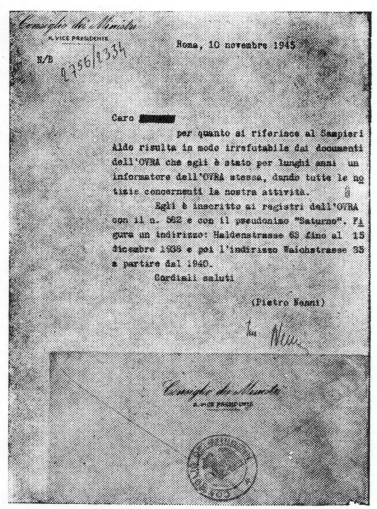

Mit diesem Brief bestätigte Nenni seinen Freunden in der Schweiz, dass Aldo Sampieri viele Jahre lang, unter dem Decknamen «Saturn», Informant der faschistischen Geheimpolizei OVRA gewesen war.

ist, dass Aldo Sampieri ein Spion der OVRA ist, ein feiger Verräter!» Sampieri hat alles abgestritten. «Fünfundzwanzig Jahre antifaschistische Militanz habe ich vorzuweisen, und jetzt will man mich verleumden!» Als man ihm den Brief zeigte, sagte er, das müsse ein Irrtum sein, den er als erster klären helfen wolle, da sonst ein schwerer Makel auf seiner Ehre zurückbleiben würde. Kurz und gut, er hat alles abgeleugnet. Die Sache zog sich einige Stunden hin, es war an einem Sonntag, und am Schluss bat er die Genossen, am Montag zu ihm nach Hause zu kommen und die Angelegenheit zu klären, sie würden dann nach Rom telefonieren, da jetzt dort niemand erreichbar sei. Die Sitzung wurde aufgehoben, und der Medri, der nahe von ihm wohnte, hat ihn nach Hause begleitet. Er bat den Medri, gegenüber seiner Frau nichts zu erwähnen. «Der würde das Herz brechen ob dieser Schande! Du wirst sehen, in ein, zwei Tagen ist das Missverständnis geklärt!» Dann hat er sich auf den nächsten Tag verabschiedet. Als Medri am andern Morgen zu ihm kam, fand er die Frau allein zu Hause. «Mein Mann? Ich weiss nicht, was mit ihm los ist. Er kam gestern abend spät nach Hause, hat ein paar Sachen zusammengesucht und gesagt, er müsse nochmals weg, ich solle mir keine Sorgen machen.» Er hat noch Zeit gehabt, den Mitternachtszug nach Italien zu nehmen, und niemand hat mehr etwas von ihm gehört. Seine Frau hat den Laden liquidiert und ist ihm nachgefolgt, ich glaube nach Turin.

Mario Casadei und Professor Schiavetti

Nach dem Sieg über den Faschismus kehrten auch die in Zürich niedergelassenen Exponenten des Antifaschismus wieder nach Italien zurück. So Ferdinando Schiavetti, der nach 18 Jahren Exil als Abgeordneter in die verfassungsgebende Versammlung einzog, und Ignazio Silone, der die Redaktion des «Avvenire dei Lavoratori»

PARTITO SOCIALISTA ITALIANO
+-+-+-+ Sezione di Lenno +-+-+-+

Lenno, li 28 luglio 1947

AL COMPAGNO BIANCHI PIETRO

Caro Compagno,

                nell'avvicinarsi delle feste d'agosto i compagni di Lenno rivolgono a voi un particolare pensiero di sincero affetto. E pure un particolare motivo di gioia per noi annunciarvi che nel mese d'agosto sarà inaugurata la bandiera rossa della nostra Sezione. Crediamo sia la prima volta nella storia di Lenno che una Sezione del PARTITO SOCIALISTA ITALIANO possa liberamente innalzare un vessillo rosso che è ferma premessa di pace, di lavoro e di umanità.

        Qui a Lenno sembra che la gente si ridesti e pare che non voglia più ingoiare quel veleno utopistico e demagogico dei preti che già molte volte coperse di vergogna e di disonore la nostra povera Italia. E nel nostro animo rinvigorito più che mai l'ardore di lotta sicuri come siamo che il domani ci darà ragione. Del resto la storia do lo dimostra e ce lo dice: contro la violenza dell'ingiustizia clericale si sta alzando la forza del diritto; di quel diritto dei popoli che sempre vinse.

        Purtroppo i mezzi a nostra disposizione sono pochi e clericali e preti sovvenzionati dal Vaticano e dai capitalisti fascisti stanno giuocando l'ultima carta: impadronirsi del potere con la forza sopprimendo a poco a poco tutte le leggi democratiche. Ciò che vi diciamo é già sfacciatamente palese in talune azioni dei nostri ministri neri Scelba e Gonnella; mentre il primo proibisce i comizi socialisti il secondo sta vendendo la scuola nazionale nelle mani dei preti.

        E appunto per convergere a noi il popolo Italiano scontento dell'attuale dominazione Vaticana e pretesca che vi chiediamo un gentile , cortese e generoso aiuto affinché ci sia possibile preparare il terreno adatto per la conquista del potere nelle prossime elezioni e ricacciare nelle sagrestie i preti donde ne erano partiti. Noi confidiamo nel vostro cuore socialista e umanitario, perche sappiamo che solo un vecchio cuore socialista può comprendere queste cose.

        Nella speranza di rivedere tutti gli Italiani, animati dallo spirito eroico di Mazzini e di Garibaldi, di Mateotti e di Turati, all'opera per un generale rinnovamento politico e sociale sotto la bandiera del " sol dell'avvenir " vi inviamo i nostri più fervidi, cordiali e fraterni saluti ringraziandovi infinitamente del vostro particolare e sincero interessamento per la nostra sezione.

I MEMBRI DELL'ESECUTIVO   IL SEGRETARIO

PER TUTTI I COMPAGNI

Brief der sozialistischen Sektion Lenno an Bianchi, der die bevorstehende Fahnenweihe erwähnt und über die politische Lage in Lenno und Italien berichtet. Der unsichere, etwas distanzierte Stil zeigt auf die zwischen Lenno und Bianchi entstandene Entfremdung.

Lenno–Casanova: Das Wohnaus der Familie Bianchi

verliess, um in Rom die Leitung des «Avanti» zu übernehmen.
 Da ich mich während der ganzen fünfundzwanzig Jahre des Faschismus geweigert hatte, nach Italien zu gehen – mit der einzigen Ausnahme, als meine Mutter starb –, habe ich nach dem Krieg ein paar Tage in Lenno verbracht. Dabei habe ich auch die Stelle aufgesucht, wo Mussolini hingerichtet worden war. Ich ging den Weg hinauf und holte unterwegs einen älteren Mann ein, mit dem ich beim Weitergehen zu plaudern begann. Da ich Dialekt sprach, fragte er mich, ob ich aus der Gegend sei. Ich bejahte und sagte: «Aber ich bin jetzt 25 Jahre nicht nach Hause zurückgekehrt, wegen diesem Krebsgeschwür von Mussolini!» Darauf hat mir der Mann erzählt, wie ihm die Faschisten seine drei Töchter umgebracht hatten, und er hat mir die Hinrichtungsstelle Mussolinis gezeigt. Es ist kaum zu glauben, aber da hatte doch tatsächlich jemand Blumen hingestellt!
 Nach dem Krieg schien auch Lenno ein bisschen in Bewegung zu geraten. Es gab hier vier, fünf Sozialisten, die eine Parteisektion gegründet haben. Der Sohn des «Miseria» war Parteisekretär. Er sandte mir einen Brief, da sie wussten, dass auch ich in der Partei war. Sie schrieben mir, dass sie die Parteifahne einweihen wollten und haben um eine Spende angefragt. Darauf habe ich

ihnen hundert Franken geschickt. Nach ein paar Jahren war wieder alles aus. Heute gibt es nicht einmal mehr die Parteifahne. Wenige Kilometer entfernt, im Nachbardorf Tremezzo, sind die Leute schon aufgeschlossener, dort kann sich sogar eine Sektion des PCI halten, während in Lenno ... Es ist kein Zufall, dass in der Gegend von den «Bigotten von Lenno» gesprochen wird.

Der alte Postino *(Postbeamte)* ist die einzige Person, mit der ich heute noch in Lenno über Politik sprechen kann. Er ist der einzige dort verbliebene Sozialist. Er hat bei den Partisanen gekämpft und später die Geschichte der Partisanenbewegung unserer Gegend geschrieben. Bei den seltenen Gelegenheiten, an denen ich Lenno besuche, suche ich ihn immer auf, um mich mit ihm zu unterhalten. Er hat einen Sprachfehler, man kann ihn nur schwer verstehen, aber er ist der einzige, mit dem ich in Lenno sprechen kann.

C. Lamberti (Postino)

Dort unten meint jeder, der eine Ziege besitzt, er sei ein halber Unternehmer. Wenn hinzukommt, dass eine Gemeinde etwas Glück hat, verschwindet das Elend. Da ist einmal in Lenno ein Engländer vorbeigekommen. Bei der Kirche schaut er sich um und überlegt sich, dass er sich über die Mentalität der Dorfbewohner informieren muss. Er sieht, dass die Leute arbeitsam sind, halbe Bauern zwar, aber harte Arbeiter und brave Kirchgänger. Da sagt er sich: «Eine ideale Situation! Jetzt brauche ich nur noch einen Italiener, der mir den Namen gibt, damit wir die Sache italo-englisch aufziehen können.» Als er den gefunden hat, haben sie zusammen eine grosse moderne Fabrik gebaut, gleich gegenüber der Kirche, und heute arbeiten dort 600 Personen. Meine Nichten und Neffen, die Kinder meines Bruders arbeiten alle dort. Einer von ihnen ist Bürochef geworden und nach Mailand versetzt worden, wo sie eine weitere Fabrik haben. Eine andere arbeitet als Betriebskrankenschwester. Man kann sich vorstellen, was mehrere hundert Arbeitsplätze für so ein Dorf bedeuten. In Mailand oder New York würde dies nichts bedeuten, aber für Lenno ist es natürlich schon wichtig. Der Vater hält zwei, drei Kühe, der Sohn ist Schmuggler, und wenn noch ein,

Lenno: Die Kent-Tieghi SpA im Zentrum des Dorfes

zwei Töchter übrigbleiben, so werden sie in die Fabrik geschickt, damit die Kasse stimmt. Es werden irgendwelche technische Artikel für den Krieg hergestellt, auf internationaler Basis. Die Fabrik ist später von der Brown Boveri in Baden aufgekauft worden. *In Lenno gab es vor dem Krieg eine kleine Spezialfirma, welche Geräte für die italienische Marine nach Patenten eines Kapitän a. D. Thiegi herstellte. Die Fabrik errang durch den Krieg eine gewisse Bedeutung und wurde später von Engländern aufgekauft, daher der Name Kent-Thiegi S. p. A. Heute stellt der zum BBC-Konzern gehörende Betrieb vor allem integrierte Schaltungen her.*

Bei der Rückreise nach Zürich stand ich an der Hauptstrasse und wusste nicht genau, wo der Autobus halten würde. Da sehe ich einen stattlichen, gut angezogenen jungen Mann aus einem Haus treten und spreche ihn an: «Entschuldigung, können Sie mir sagen, ob hier der Bus nach Como hält?» «Ich weiss nichts, ich bin fremd hier!» antwortet er mir im Dialekt und lässt mich stehen wie einen Pfahl. «He Poeta, welche Überraschung! Was machst denn du hier? Bist du auch wieder einmal nach Hause gekommen?», höre ich in dem Moment eine Stimme. Es war einer aus dem Dorf, der einige Jahre in Pfäffikon gearbeitet hatte. «Ich bin auf der Rückreise nach Zürich und habe gerade den jungen Mann gefragt, ob hier die Bushaltestelle ist, aber er ist ein Fremder. Er konnte mir keine Auskunft geben.» «Die Haltestelle ist schon hier, aber der ein Fremder, dass ich nicht lache. Siehst du das Haus dort?» Es war das Haus, aus dem der Mann gekommen war. «Der ist in diesem Haus geboren, aufgewachsen und hat nie anderswo gelebt. Der ist nur etwas überheblich, wie alle Schmuggler.» Wieder ein Beispiel dafür, wie die Leute in diesem Beruf verrohen. Da spricht man immer von Sizilien und der Mafia und so weiter, wir sind da gar nicht so weit entfernt davon...

Am 2. Juni 1946 schaffte ein Referendum die Monarchie ab, am 1. Januar 1948 trat die republikanische Verfassung in Kraft. Bis zum 20. Februar 1947 bildeten die grossen antifaschistischen Parteien gemeinsam die Regierung. Mit dem späteren Ausschluss der Kommunisten und Sozialisten, auf Druck der US-Regierung, begann die über dreissigjährige Vorherrschaft der Christdemokratischen Partei.

Als es zur Spaltung von Palazzo Barberini kam *(am 9. Januar 1947 spalten sich in Rom am Parteikongress im Palazzo Barberini die Sozialdemokraten unter Führung Saragats vom PSI ab und gründen eine sozialdemokratische Partei PSLI später PSDI),* ist die Balabanoff Arm in Arm mit Saragat hereingekommen. Sie weigerte sich, den Nenni zu begrüssen, weil er ein halber Kommunist geworden sei, und sie mit den Kommunisten nichts mehr zu tun haben wolle. Denn Nenni war für die Zusammenarbeit mit der Kommunistischen Partei, und die Balabanoff, die ja mit Lenin nach Russland gereist war und seine erste Sekretärin wurde, ist später eine totale Antikommunistin geworden.

Als Lenin seinerzeit die Balabanoff nach Stockholm geschickt hatte *(zur dritten Zimmerwaldner Konferenz),* ist ein wichtiger Typ aus Moskau gekommen und hat ihr Dokumente gebracht. Bei der Gelegenheit sagte sie ihm: «Du, wenn du zurückgehst, schau mal nach, ich habe die Pravda (das ist die Zeitung aus Moskau) seit einem Monat nicht mehr bekommen!» Da hat ihr der Typ geantwortet: «Ist gut, Genossin Balabanoff, ich werde die Angelegenheit untersuchen und den Verantwortlichen sofort erschiessen lassen!» «Bist du verrückt?» hat ihm die Balabanoff geantwortet. «Wenn das so erledigt wird, will ich vom Kommunismus nichts mehr wissen!» Auch konnte sie den Stalin nicht

Rom – Palazzo Barberini, 9. 1. 47: A. Balabanoff (links) und P. Nenni (rechts).
Sie soll den Saal fünf Minuten später verlassen haben

ausstehen. Als Lenin krank geworden sei, habe er seine Genossen gewarnt, sie sollten Stalin nicht zu sehr vertrauen, er sei ein wilder Typ. Die Kommunisten waren früher allgemein viel härter, und die Balabanoff wollte nichts mehr mit ihnen zu tun haben. Das hat sie mir oft erzählt. Sie war Präsidentin der sozialistischen Frauen Italiens. Man hat gesagt, der Saragat habe sich von den Amerikanern bezahlen lassen, die Balabanoff sicher nicht. Sie ist in ihren Grundideen immer Maximalistin geblieben. Sie ist nur mit Saragat gegangen, weil sie einen so grossen Hass auf Nenni und die Kommunisten hatte.

Nach der Spaltung von Palazzo Barberini hatten Vuattolo und die andern Reformisten durchgesetzt, dass die Schweizer Föderation aus dem PSI austrat. Er wusste aber, dass er den Eintritt in die Sozialdemokratische Partei nicht fordern konnte, weil es zu einer Spaltung geführt hätte. So wurde die Föderation als neutral erklärt, in der Praxis aber neigten sie zu den Saragatianern. Wenn Nenni nach Zürich kam, ignorierten sie ihn völlig. Es ging sogar soweit, dass sie behaupteten, Nenni habe die Partei an Stalin verkauft. Sie hätten ihn verbrannt, wenn sie gekonnt hätten, so hassten sie ihn. Einmal ist der Sohn von Matteotti, auch ein Saragatianer, nach Zürich gekommen, und Vuattolo hat mit ihm verhandelt, wen sie für die 1. Mai-Ansprache nach Zürich senden sollten. Matteotti machte einen Vorschlag, Vuattolo lehnte ab. Matteotti nannte einen andern, Vuattolo lehnte wieder ab. Einer nach dem andern, hat er alle Vorschläge abgelehnt, die italienischen Sozialdemokraten waren ihm alle noch zu links.

Mich haben sie *(1946)* wieder zum Direktor des «Avvenire» gemacht *(bis er am 4. Januar 1948 von Ezio Canonica abgelöst wurde).* Geschrieben haben Silone, dieser «Intelletualone» *(allerdings nur noch sporadisch)* und Professor Preziosi aus Basel, der mich immer neckte: «Du Bianchi, pass auf, was du sagst, du weisst, dass ich dich jederzeit ins Gefängnis bringen kann, wann immer ich nur will!»

Als sich dem PSI zugehörig fühlender Nennianer stand Bianchi allerdings in einem starken Gegensatz zu dem völlig auf die sozialdemokratischen Positionen des PSDI abgeschwenkten «Avvenire del Lavoratore». Bianchi, wie auch Armuzzi und andere Linkssozialisten legten das Schwergewicht ihrer Aktivität vorwiegend in die «Colonia libera italiana», wo sie ihre unitarische Position weit besser zur Geltung bringen konnten. Am Kongress der «Federazione delle Colonie libere in Svizzera» vom 26. Oktober 1947 wurde Pietro Bianchi u. a. mit Professor Preziosi in den Vorstand gewählt. Er lehnte die Wahl jedoch mit dem Hinweis auf sein Schweizer Bürgerrecht ab.

Ezio Canonica muss sich bei Vuattolo bedanken, für das, was er heute ist. Der Vater von Canonica *(Professor John Canonica, Leiter der Tessiner Arbeitskammer)* war ein ganz grosser Freund von Vuattolo. Er hat den jungen Ezio als Zentralsekretär nach Zürich geholt. *Ezio Canonica wurde im Alter von 25 Jahren auf den 1. Januar 1947 zum Zentralsekretär des Bau- und Holzarbeiter Verbandes gewählt.* Nur ist der Ezio aus einem ganz anderen Stoff gemacht. Wenn man ihn allerdings in den ersten Jahren sprechen hörte, schien er nur eine schlechte Kopie des Vuattolo zu sein, weil ihn dieser natürlich völlig kon-

Ezio Canonica 1947

trollierte. Aber als Vuattolo nicht mehr da war, hatte er sich nach links emanzipiert und ist eine wichtige Persönlichkeit geworden.

Mein einziges Vergnügen war Zeit meines Lebens der Radsport. Ich liess keine Gelegenheit aus, um in Oerlikon die Rennbahn zu besuchen. Es hat nichts mit Fanatismus zu tun, es war einfach mein Zeitvertreib, wie für andere das Kartenspiel. Es gab Leute, die verspielten und versoffen den halben Lohn beim Kartenspiel oder in Konstanz, und die Ehefrau konnte dann selber sehen, was sie den Kindern zu essen geben sollte. Andere hielten sich neben der Frau noch eine Geliebte. Sie spöttelten: «Und was macht der Bianchi? Er geht zur Rennbahn!» Dabei habe ich deswegen nie, aber auch gar nie eine politische Veranstaltung ausgelassen.

Auf der Rennbahn wusste ich immer genau, was los war. Ich wusste auch immer, ob einer ein guter Rennfahrer wird oder nicht, das sah ich seiner Haltung an. Beim Rennfahren kommt es nur auf die Haltung an. Wenn einer keine gute Haltung hat, fährt er nicht lange. Viele Jahre lang waren die Belgier die grossen Kanonen auf der Piste. Es gab aber auch gute Schweizer Rennfahrer. Natürlich interessierte ich mich auch für Strassenrennen. In Italien gab es unter dem Faschismus zwei wichtige Rennfahrer. Der eine, Guerra, war Faschist und wurde vom Regime unterstützt. Ich unterstützte den andern, Binda, weil er Antifaschist war und vom Regime schlecht angesehen wurde. Später ist dann Bartali an die Stelle von Guerra gekommen und Coppi an jene von Binda. Coppi soll sogar ein guter Genosse gewesen sein und viel Geld für den Unterhalt eines Waisenhauses für proletarische Kinder aufgewendet haben.

An der ersten Tour de France gleich nach dem Krieg war Frankreich noch voller Ruinen. An der Spitze lagen zwei Italiener, ich weiss die Namen nicht mehr, es war ein Romagnolo und ein anderer. Die beiden hatten zehn Minuten Vorsprung. Dann ist ein Telegramm an die Rennleitung gekommen: «Sorgt ja dafür, dass kein Italiener als erster in Paris ankommt, er würde gelyncht werden, stop!» Sie mussten Robic vorlassen, der dann auch die Tour gewann. Aber man muss die Franzosen verstehen, sie hatten so eine Wut auf die Italiener, nach allem, was im Krieg in Mentone passiert war.

Zürich Oerlikon um 1933: Veranstaltung auf der Rennbahn

Bianchis Kenntnisse vom Radsport waren enorm. Während der grossen Strassenrennen liess er sich täglich die Rennberichte vorlesen. Die Fernseh-Übertragungen verfolgte er meist vor der Auslage eines Fernsehgeschäftes. Im Herbst 1976 ging er ein letztes Mal nach der Rennbahn Oerlikon, um die Eröffnungs-Americaine des Sechstagerennens zu verfolgen. Die hohen Eintrittspreise zwangen ihn jedoch zum Verzicht: «Fünfundzwanzig Franken für eine Americaine, das ist kein Sport mehr, das ist kapitalistische Ausbeutung!»

Als Pacciardi Minister in der Regierung wurde *(er wurde anfangs 1948 Vize-Ministerpräsident)*, ist Casadei einmal nach Rom gereist, und er wollte dabei den Pacciardi wiedersehen. Er geht zum Palazzo Montecitorio *(Regierungspalast)* und sagt einem Weibel, er möchte den Minister Pacciardi besuchen, wie er das machen könne, er sei ein alter Freund von ihm. «Das ist kein Problem», sagte der Weibel, «sagen Sie mir Ihren Namen, und ich werde durch das Telefon rückfragen.» «Sagen Sie ihm, sein alter Kumpel Casadei aus Zürich sei da und möchte ihn sehen.» Der Weibel geht zum Telefon und kommt

Randolfo Pacciardi

nach einer Weile zurück: «Es tut mir leid, seine Exzellenz lässt sagen, dass er in Zürich niemand dieses Namens kenne.» Casadei war tödlich beleidigt: «Che vigliacco, nach allem, was ich für ihn getan habe!» Von diesem Tag an wollte Casadei nichts mehr von Pacciardi und den Republikanern wissen und ist Anarchist geworden.

Nach Armuzzi ist Medri Präsident der «Colonie libere» geworden. Casadei konnte ihn übrigens nicht ausstehen, er nannte ihn immer Kardinal Schuster. Medri also musste nach Rom, um bei der Regierung mitzureden, weil irgendwelche Probleme der Emigration besprochen wurden. Da musste er einen Arzt besuchen. Dieser begann mit der Untersuchung und stellte ihm einige Fragen. Als Medri ihm erzählte, dass er aus Zürich komme, war für den Arzt die Untersuchung aus. Statt weiter Fragen über seine Gesundheit zu stellen, wollte der nur noch wissen, wie man sein Geld am besten in die Schweiz bringe. Der Medri hatte leicht sagen, er wisse nicht wie, der Arzt dachte nur noch an seine Kapitalien. Das ist eben einer der Unterschiede zwischen dem Proletarier und dem Bourgeois in Italien. Der eine muss im Ausland arbeiten gehen und schickt sein hart verdientes Geld über den Gotthard nach Italien. Der andere verdient, ohne sich viel anzustrengen, sein Geld in Italien und schickt es über den Gotthard in die Schweiz. Der Gotthard ist für beide da. Der Unterschied ist nur, dass schliesslich der eine als Subversiver dasteht, der andere aber als Patriot.

Der Ungarn-Aufstand war so eine Sache. Sicher haben die Kommunisten dort viele Fehler gemacht und mit zu schwerer Hand regiert. Es mag am Menschenschlag liegen, aber ich glaube nicht, dass die italienischen Kommunisten es gleich gemacht hätten. Aber es war keine Revolution, die Sache war von den Bourgeois angezettelt. Ich habe viel herumgefragt, von allen, die geflohen sind, war kein einziger Arbeiter, das waren alle Bourgeois. Alles Geschäftsleute und Fabrikanten, die in Ungarn keine Geschäfte mehr machen konnten. Die haben sich gesagt: Jetzt gehen wir in die Schweiz und machen dort im alten Stil weiter. Ihre Schweizer Freunde haben sie mit offenen Armen empfangen. Überall wurde Propaganda für sie gemacht, sie wurden als Freiheitshelden und Opfer des Kommunismus hingestellt. Am Brunnen auf dem Bahnhofplatz wurde eine Geldsammlung

Zürich 2. 12. 1956: Auftakt zur Geldsammlung im Escherbrunnen

durchgeführt. Der Brunnen war bis an den Rand mit Geld gefüllt, es gab sogar Leute, die eine oder zwei Hundertnoten hineinwarfen. Alles für diese Bourgeois. Heute besitzen sie die schönsten Häuser, sind eingebürgert und haben alles was sie wollen, nur weil sie damals aus Ungarn geflohen sind.

Bindella hatte einen dieser Ungarn eingestellt. Nach einiger Zeit, als er sah, dass dieser faul war und keine Lust zum Arbeiten hatte, wollte er ihn wieder entlassen. Halt! Er musste ihn stillschweigend behalten, nur weil es ein Ungar war. Ein Ungar war damals drei Schweizer wert.

Ende November 1958, anlässlich des Umbaus des Hauses der Genossenschaft Volksapotheke Langstrasse/Anwandstrasse, beendete Pietro Bianchi im Alter von 73 Jahren seine berufliche Tätigkeit.

Vor ein paar Jahren ist in einer Beiz an der Zwinglistrasse ein gewisser Zardini zusammengeschlagen worden. Dann ist er auf die Strasse getragen worden, und am andern Morgen haben sie ihn tot auf dem Trottoir gefunden. Die Sache ist furchtbar aufgebauscht worden. Das war doch kein Proletarier, sondern von Natur aus ein Vagabund. Wenn ich das sage, so will ich nicht die Schweizer verteidigen, die an seinem Tod schuld sind. Die waren von der gleichen Sorte und haben es verdient, hinter Gitter zu kommen. Ich meine, wie sich die Italiener zum Fall verhalten haben, war nicht richtig. Dieser Vagabund, der in Italien eine Frau und eine Reihe von Kindern hatte, war erst seit drei Tagen in Zürich. Bis Mitternacht hat er im Niederdorf Dummheiten gemacht, dann hat er am Bellevue besoffen mit einer Hure gestritten. Sie hat ihm das Gesicht zerkratzt, weil er sie belästigte. Darauf ist er mit einem Taxi hier nach Aussersihl gekommen. An der Zwinglistrasse sucht er wieder Streit, bis ihm ein Besoffener die Schnauze zerschlägt. Es tönt böse, aber wer weiss, seine Frau konnte wahrscheinlich zufrieden sein, so hat sie wenigstens noch etwas Geld bekommen, um die Kinder ein Stück weiter durchzubringen.

Ich bin kurz nach dem Vorfall in Lenno gewesen und habe gesehen, wie die Sache in Italien aufgebauscht wurde. Alle Zeitungen haben lang und breit darüber geschrieben, wie die Italiener in der Schweiz schlecht behandelt würden. Mir scheint, man kann doch nicht die Mehrheit der Italiener mit diesem krummen Hund vergleichen. In Como hingen sogar Plakate, auf denen geschrieben stand: «Alle Schweizer sind Mörder!» Man muss die Dinge schon in ihrem Zusammenhang sehen.

Nach achtundsechzig hat sich das Ambiente in der Cooperativa völlig verändert. Vorher kamen fast nur Italiener und Tessiner, jetzt kommen hier auch viele junge Deutschschweizer herein. Die fingen damals an, sich für den Sozialismus zu interessieren und haben dabei auch das Copi entdeckt. Im alten Cooperativo an der Militärstrasse war es natürlich viel schöner, mehr gemütlich und familiär, auch weil es kleiner war. Aber ich habe mich längst an das neue gewöhnt und fühle mich hier auch zu Hause. Wichtig ist, dass die Cooperativa überhaupt gerettet werden konnte, als man ihr an der Militärstrasse kündigte, nicht wie das in Winterthur passiert ist. Die Cooperativa von Winter-

Die alte Cooperativa an der Militärstrasse von aussen ...

thur ist älter und auch reicher als unsere. Sie haben dort früher auch noch Lebensmittel verkauft. Das Restaurant gehörte der Cooperativa und war nicht gemietet wie hier in Zürich. Vor ein paar Jahren haben sie es an eine Brauerei verkauft, weil sie dachten, sie würden ein gutes Geschäft machen. Sie bekamen eine schöne Summe Geld ausbezahlt und durften das Lokal weiter behalten. Jetzt hat es die Brauerei in ein Luxusrestaurant umgebaut und den Zins so erhöht, dass sie kündigen mussten. Sie haben kein anderes Lokal gefunden und müssen jetzt schliessen. Ein schönes Geschäft!

Hier in Zürich hat Canonica die Cooperativa gerettet. Er hat das neue Lokal vermittelt. Es gehört den Bau- und Holzarbeitern. *Auf den 1. Januar 1970 zog die Cooperativa in ihr neues Lokal am Werdplatz.*

Mit den Jahren ist nicht zu spassen. Das Alter kann dir wüste Streiche spielen. Kürzlich habe ich scheinbar so eine altersbedingte Eselei begangen. Man musste in der Cooperativa einen neuen Vorstand wählen, und jemand hatte den Vezzoni vom SMUV vorgeschlagen. Nicht alle waren damit einverstanden, und als es zur Abstimmung kam, ist er nicht gewählt worden. Ich habe auch gegen ihn gestimmt, weil ich dachte, er sei ein rechtsstehender Sozialdemokrat. Nach der Abstimmung wurde ich

... und innen. Im Hintergrund links, Bianchi mit Casadei

angegriffen: «Bianchi, was hast du für eine Dummheit gemacht, gegen Vezzoni zu stimmen! Vezzoni ist ein linker Genosse! Der ist doch Kommunist!» «Le molaledüra», kurz, es scheint, dass ich einen Fehler machte. Aber ich konnte mir einfach nicht vorstellen, dass er ein Linker sei. Vezzoni ist Präsident der Freunde des Inter-Fussballklubs. Fussball ist doch der Sport, der die Arbeiterklasse verblödet und vom Kämpfen abhält. Ausserdem soll er Tontauben schiessen gehen, das ist doch ein Sport für Bürgerliche. Aber er soll trotzdem ein Linker sein, und ich scheine eine Dummheit begangen zu haben.

In letzter Zeit, so scheint mir, ist vieles wieder in Bewegung geraten. Zuerst wurde die Ölkrise erfunden. Das war doch reine Spekulation. Die Besitzer der grossen Benzinmonopole haben sich zusammengetan und höhere Preise diktiert. Dann haben sie den Arabern die Schuld zugeschoben, weil diese die Sache der Palästinenser unterstützten.

Dann kam die Krise wirklich. Das führte dazu, dass die Leute ein wenig erwachten. Jetzt springen plötzlich wieder alle zur Gewerkschaft und schauen, ob diese etwas für sie machen kann. In den Zeitungen steht, die Krise flaue ab, Fiat verkaufe wieder besser und auch in Amerika gehe es wieder besser. Das sagen sie nur, um die Leute zu beruhigen. Ich habe nicht das Gefühl, dass

Zürich 1968: Polizeieinsatz beim Globuskrawall

sich bereits viel geändert hat, wenn noch so viele Leute Arbeit suchen.

Bevor die Krise kam, sagten viele Italiener: «Ich Schweizer werden? Nie im Leben! Ich bin als Italiener geboren und werde als Italiener sterben!» Als aber die Krise da war, haben über elftausend ein Einbürgerungsgesuch gestellt. Da sieht man wie die Sachen laufen. Früher sagten sie das einfach so zum Zeitvertreib. Jetzt aber, olala, jetzt aber wird es ernst. «Volere o volare», wenn ich wegzugehen riskiere oder die Möglichkeit habe, auf sicher zu bleiben, sehen die Dinge plötzlich anders aus.

Jetzt sind in China Tschou en-lai und Mao kurz hintereinander gestorben. Beide haben in ihrem Leben Grandioses geleistet. Man darf nicht vergessen, dass in China vor der Revolution jedes Jahr Millionen von Menschen an Hunger starben. Tschou en-lai war auch ein guter Freund von Nenni. Als die italienische Regierung zum erstenmal eine Delegation nach China sandte, bat Tschou diese beim Abschied in Peking, sie sollten den Nenni von ihm grüssen. Die Führer der Kommunisten haben es ihm übel genommen, dass er nicht sie grüssen liess.

Es freut mich, dass ich noch das Ende des Indochinakrieges erleben durfte. Was haben diese armen Menschen dort nicht jahrelang erlitten. Aber sie haben sich nie gebeugt, weder den Franzosen, noch den Amerikanern, noch den eigenen faschistischen Generälen. Und jetzt? Vor lauter Imperialismus – Vietnam, Kambodscha, Afrika – vor lauter hier Kommunisten liquidieren, dort Kommunisten liquidieren, wird über sie geschimpft, sie seien zu hart. Im Gegenteil, man muss sie bewundern, dass sie so hart durchgehalten haben. Noch mehr aber freut mich aber der Tod dieses Krebsgeschwüres von einem Franco. Wieviele Menschen hat er ins Gefängnis geworfen und massakriert! Zwei Millionen sind seinetwegen gestorben. Im Namen des Faschismus und mit dem Segen der Kirche. Und diese Vogelscheuche ist jetzt endlich tot. Es soll mit Juan Carlos als König besser werden, warten wir ab. Man kann nur hoffen, aber eigentlich kann es nur noch besser werden ohne Franco.

Wie die Cooperativa sich geändert hat und nicht mehr wie früher ist, so sind auch die Sozialisten anders als früher geworden. Früher waren sie wirklich zu echten Opfern bereit. Sicher gibt es heute auch noch solche, aber ich befürchte, nicht mehr viele. Die Väter gaben, was sie konnten für die Sache, waren bereit zu kämpfen, und liessen keine Gelegenheit aus, den Sozialismus zu propagieren. Wenn du einen trafst, der dir nicht bekannt war, schon an der Art, wie er sprach und sich gab, sahst du, ob es ein Genosse war. Ihre Söhne sind alle Händler geworden – Geschäftssozialisten! Wer sieht denen noch an, dass sie Sozialisten sind? Die zahlen einmal im Jahr für den Parteiausweis und geben vielleicht noch etwas dazu, aber versuche, sie an eine politische Veranstaltung zu bringen. Sie reiben sich die Hände: «Du musst wissen... die Leute... ich habe schon etwas vor... undsoweiter. Rien à faire!»

Wie der Sohn des Armuzzi! Nach allem, was sein Vater geleistet hat, ist er auch so eine Null unter Null geworden. War beim Vater der Sozialismus Nummer eins und das Geschäft Nummer zwei, so ist es beim Sohn nicht einmal umgekehrt, der ist nur noch «Frutta e verdura»!

Bei den letzten Wahlen hatten die Linken, vorallem die Kommunisten, in Italien einen unerwartet grossen Erfolg. Viele meinen jetzt, dass sich die Zustände bessern werden, ich glaube nicht. Das Resultat ist doch nur auf die Korruption und die schlechte Regierung der DC zurückzuführen und nicht auf eine Zunahme des politischen Bewusstseins im Volk. Das kann doch jederzeit wieder in eine Gegenwelle umschlagen. Es wird immer gesagt: «Die Italiener lesen keine Zeitungen!» Da liegt das Problem. Der «Avanti» als älteste sozialistische Zeitung hat seine Ausgabe reduzieren müssen weil er zu wenig Leser hat, ich habe sogar gehört, dass diskutiert wird, ob er ganz eingehen soll. Man kann doch nicht von einem grossen Fortschritt der Linken sprechen, wenn die linke Presse in Schwierigkeiten steckt. Wenn alle, die bei den letzten Wahlen für die Linke gewählt haben, anfangen würden, täglich ihre Zeitung zu lesen, könnte sich vielleicht schon etwas ändern. Aber so darf man sich keine Illusionen machen.

Bianchi verkaufte noch mit 88 Jahren den «Avanti» an der 1. Mai-Kundgebung und am 26./27. März, zwei Tage vor seinem verhängnisvollen Unfall, nahm er noch an einer Tagung über Fragen der Emigranten-Presse in Zürich teil.

Unter den jungen Sozialisten gibt es schon noch einige, die bereit sind, etwas zu unternehmen. Sie wollen jetzt versuchen, den «Avvenire dei Lavoratori» neu herauszugeben, denn in der Schweiz ist die Situation für uns Sozialisten etwas eingeschlafen. Die meisten jungen Genossen sind heute im PCI oder in noch linkeren Gruppen. Manche versuchen, mich aufzuziehen: «Ah Bianchi, was machst du noch bei den Sozialisten, wenn du revolutionär bist, musst du zu uns kommen!» Das ist doch dumm! Ich kann doch nach siebzig Jahren nicht einfach die Partei wechseln. Ich würde mich ja lächerlich machen! Aber ich fürchte, wenn es mich nicht mehr gibt, wird aus der Cooperativa ein Friedhof!

*Mit zehn Jahren habe ich angefangen,
die Pfaffen zu hassen!*

Als ich zum erstenmal in die Messe ging, bin ich in der Kirche auf dem Mittelgang nach vorn gegangen. Dort waren wunderschöne teure Bänke aus Holz, für all diese Offiziere, Anwälte, Tirilinchetts und Benpecoras reserviert. Ich wusste aber nichts von alledem und wollte mich hinsetzen. Da hat man mich weggeschickt: «Du musst weiter hinten bei deinesgleichen sitzen!» Ich suchte also meinesgleichen in der Kirche und ging immer weiter zurück. Als ich sie endlich fand, bemerkte ich, dass ich wieder draussen auf dem Dorfplatz stand. Nun wusste ich, wo mein Platz war, und ich bin nie mehr in die Messe gegangen.

Bei uns gehen die Bauern in die Messe um zu schlafen. Vorher stehen sie auf dem Dorfplatz herum: «Hast du das Kalb verkauft? Das Wetter scheint sich zu bessern!» Das ist der Moment, wo sie zusammenkommen und über ihre Probleme sprechen. Dann treten sie in die Kirche ein, setzen sich in eine Bank und schlafen wie die Murmeltiere. Ist die Messe zu Ende, schütteln sie sich gegenseitig wach und gehen nach Hause. Das genügt, damit sie sagen können, sie seien in der Messe gewesen. Was für Fallen gibt es in der Welt. Sie müssen in der Kirche gesehen werden, damit sie nicht ins Gerede kommen.

Es ist eine einzige grosse Erpressung! Nehmen wir einmal an, ich sei verheiratet und hätte einen zwei-, dreijährigen Sohn. Am Sonntag verspreche ich meiner Frau, dass ich mit dem Kleinen in die Messe gehe. Unterwegs treffe ich einen Freund: «Ah ciao, wie geht's, wir haben uns lange nicht gesehen, komm, wir gehen einen Kaffee trinken!» Wir kommen ins Plaudern, und, «le mola le düra», darüber geht die Messe vergessen. Zum Mittagessen bin ich

Kindernarr Bianchi auf einem Jahresausflug der Cooperativa

mit dem Kleinen wieder zu Hause: «Bist du in der Messe gewesen?» «Jaja», sage ich, weil ich keinen Streit will. Am Montag bekommt der Kleine Bauchschmerzen und die Frau erfährt zufällig, dass mich niemand in der Messe gesehen hat. Wer hat jetzt schuld an den Bauchschmerzen? Natürlich ich! «Brutto vigliacco, du bist nicht in die Messe gegangen, und Gott hat das Kind dafür bestraft!»

Ich musste an der Josefstrasse *(St. Josephs-Kirche)* den Altar um einen Meter versetzen. Dabei beobachtete ich, wie der Pfaffe die Kinder im Katechismus unterwies. Wenn ihr gesehen hättet, wie er ihnen Ohrfeigen austeilte . . . sie taten mir wirklich leid. Wenn es meine Kinder gewesen wären, hätte ich den Pfaffen aus dem Fenster geworfen. Die armen Kinder konnten doch nicht einfach nach Hause gehen und der Mutter erzählen, dass sie vom Pfaffen geschlagen wurden. Sie hätten gleich ein zweites Mal Schläge bekommen, die Autorität des Pfaffen stand bei diesen Leuten ja ausser Zweifel. Als einer dieser Pfaffen mir sagte: «Ah, Sie arbeiten hier», antwortete ich: «Losed Si, wichtig ist, dass ich jetzt genug gesehen habe. Hier ist nicht mein Ambiente!» Ich war froh, als die Arbeit fertig war.

Je mehr die Leute in einer Gegend katholisch sind, desto mehr fluchen sie. Die Veneti zum Beispiel, da hört man nur noch: «Porcodio, Puttanamadonna» und andere Flüche. Das kommt davon, dass die Pfaffen sie immer gelehrt haben: «Gott sieht und Gott sorgt!» Das sind doch alles Lügen, aber die Leute glauben es, da es ihnen über Jahrhunderte eingeredet wurde. Darum sagen sich die Leute eines Tages: «Wie kommt das? Jetzt bin ich die längste Zeit brav gewesen, ich habe keine Messe ausgelassen, alles gebeichtet und bin auch sonst mit allen Regeln in Ordnung. Aber alles Unglück passiert immer mir! Dann hat es dieses Krebsgeschwür von einem Jesus ja geradezu auf mich abgesehen!» Schon fluchen sie. Je ungebildeter sie sind, desto besser fluchen sie. Fluchen nützt schlussendlich auch jenen nicht, die nicht an Gott glauben, sie fluchen ja auf etwas, das es gar nicht gibt.

In solchen Gegenden glauben alle noch, dass der Papst in Rom sie aus ihrer Misere retten könne. Dabei kann der Papst auch nichts ändern. Der sitzt in Rom und wartet auf die Pilgerzüge – der eine kauft hier etwas, der andere dort – und wenn genügend Pilger beisammen sind, steht er auf dem Balkon, singt auf lateinisch und winkt den Pilgern hinunter, sie sollen ihr Geld in die Opferstöcke werfen. Mehr hat er auch nicht zu tun.

In der Gegend, wo ich geboren bin, lebte ein armes Mädchen von vielleicht achtzehn Jahren. Ein Pfaffe hatte ein Auge auf sie geworfen und fing an, ihr den Hof zu machen. Zuerst wollte es nichts wissen, aber der Pfaffe blieb beharrlich, bis ihm das Mädchen erklärte: «Gut, aber was schaut dabei für mich heraus? Für mich muss es sich doch auch lohnen! Sagen Sie mir, was Sie mir bezahlen wollen, wenn es genügt, bin ich bereit, mit Ihnen zu gehen!» Da hat er ihr einen Scheck auf eine bestimmte Summe ausgestellt. Sie fürchtete eine Falle und ging auf die Bank, um den Scheck zu prüfen. Als ihr das Geld ohne weiteres ausbezahlt wurde, dachte sie: «So wird es gut!» Sie ging zum Pfaffen zurück: «Wenn du willst, jetzt bin ich bereit!» Sie wurde seine Geliebte. Als der Pfaffe ein paar Jahre später starb, fehlten in der Kirche sogar die Kerzen. Er hatte alles zu Geld gemacht. Sie hat sich damit ein stattliches Haus gebaut. Wenn jetzt einer neidisch daran vorbeigeht, und sie gerade aus dem Fenster schaut, ruft sie hinunter: «Hast du etwas zu sagen, du Depp? Das Haus ist mein!

Nie um Gesprächsstoff verlegen – bei der Feier zum 90. Geburtstag

Wer geholfen hat, das Haus zu finanzieren, interessiert mich nicht. Wichtig ist nur, dass es mir gehört!» Doch der Pfaffe hat schlussendlich einen Dreck bezahlt. Bezahlt hat das Volk, das in die Kirche ging.

Hier in der Schweiz habe ich drei Generationen von Italienern gesehen.

Die erste, das waren Comasken, Bergamasken, Piemontesen, Venetier, diese Arbeitsbiester aus dem Norden. Stattliche, gutaussehende junge Männer, die aber nichts anderes im Kopf hatten als Angebereien. Sie kamen ins Wirtshaus um zu streiten. Kaum hatten sie ein Glas Wein vor sich, fingen sie an: «Ich bin stärker als du! – Ich zeige dir, dass ich diesen Tisch mit den Zähnen hochheben kann!» Jeder wollte der stärkere sein, und schon gab es Streit.

Oder sie spielten Mora, auch das brachte unweigerlich Streit. Es musste nur einer ein wenig getrunken haben und drei an Stelle von vier sagen, oder fünf an Stelle von sechs, schon gab es unweigerlich Streit. Mora ist ein Spiel für Ignoranten. Kommt in einem wirklich proletarischen Lokal ein Millionär wie Agnelli oder Bührle herein und hört sich an, wie da gesprochen wird, so wird er allen entgegnen: «Mit euch kann ich nicht einverstanden sein! Ich setze mich nicht zu euch, mir gefällt nicht, wir ihr sprecht!» Geht er aber in ein Wirtshaus, wo man Mora spielt, wird er sagen: «Ah, hier gefällt es mir! Es ist so schön, beim einfachen Volk zu sitzen und ihren Spielen zuzuschauen!» Er zieht die Gesellschaft von vier halbwilden Bauern vor, die Mora spielen und sich dabei besaufen. Die machen ihre Eseleien vor ihm und zeigen dabei, wie rückständig und ungebildet sie immer noch sind. Daran hat er Freude!

An der Zwinglistrasse verkehrten in einem Wirtshaus Typen dieser ersten Generation. Der Wirt war ein Comasko. Eines Tages sitzen sie da wie immer und trinken ihren Wein «alla comasca» – literweise. Da kommt eine Frau herein, eine Schweizerin, die total betrunken ist. «Wer mir einen Dreier bezahlen will, darf zu mir an den Tisch sitzen!» Hat es schon bei einem Mann eine schlechte Wirkung, wenn er betrunken ist, so ist es bei einer Frau noch schlimmer. Eine betrunkene Frau verliert ihr Kaliber. «Wer mir einen Dreier bezahlt, kann dies und das!» Diese Comasken und Bergamasken vergnügten sich: «O cristo, schau dir sie an! Hahaha, das hätte ich nie von ihr gedacht!» Dabei war die Frau ja betrunken. Sie haben es mit ihr lustig gehabt bis die Polizei gekommen ist. Am andern Morgen sind alle ausgewiesen worden, samt dem Wirt. «Geht, woher ihr gekommen seid, hier werden solche Sachen nicht geduldet!» Das war die Quittung für ihr Hahaha!

Die zweite Generation waren die Romagnoli. Streitsüchtige Fallensteller, die immer gleich das Messer zogen. Sie kamen ins Lokal herein *(Bianchi imitierte den Dialekt)*: «Puttana madonna hier – puttana madonna dort!» Auch sie haben ihre Zeit gebraucht, bis sie sich beruhigt haben. Sie waren wie die Juden – immer nur unter sich!

Sie waren fanatische Kartenspieler und spielten oft tagelang. Da man dazu immer zu viert sein muss, hatten sie den «Fingerverein» erfunden. Sie machten untereinander ab, dass einer dem andern mit dem Hammer auf den Finger schlug, so dass sie Unfall machen konnten. Sah man vier Romagnoli mit eingebundenem Finger Karten spielen, so war das ein Fingerverein.

Viele verlegten sich auf den Gemüsehandel, darunter auch einige üble Fallensteller. Diese bestellten in Italien ganze Eisenbahnwagen voller Gemüse, und wenn die Ware in Zürich ankam,

Mit «illustren Gästen» in der alten Cooperativa

telegrafierten sie dem Lieferanten: «Die ganze Ladung ist faul angekommen, was sollen wir tun? Zurückschicken oder gleich hier fortwerfen?» Die Lieferanten konnten ja nicht wissen, dass es ein Trick war, um die Ware nicht zu bezahlen.

Ich hatte viele Romagnoli als Freunde, aber auch sie waren irgendwie schon spezielle Typen, vor allem in Sachen Frauen. Da gab es solche, die wollten bis ins hohe Alter jugendlich erscheinen. Auf keinen Fall die Ehefrau zum Spaziergang mitnehmen, sonst kann man nicht den «giovanotto» spielen. Die Frau soll besser zu Hause die feinen «Cappeletti» kochen. Zu Hause können sie längst Grossväter sein, aber auswärts lassen sie keine Gelegenheit aus: «Fräulein oder Nichtfräulein, wann heiraten wir?» Ich hatte Freunde, deren Ehefrauen ich erst an ihrer Beerdigung kennenlernte!

Als dritte Generation kamen die Süditaliener. Anfangs waren sie auch schwierig. Nichts war ihnen recht, alles war zu Hause besser. Jetzt haben sie sich auch modernisiert. Denn es nützt ihnen wenig zu sagen: «Die Schweiz gefällt mir nicht, weil alle Schweizer Rassisten sind!», solange sie auf die Arbeit hier angewiesen sind. In Catanzaro hat es zwar immer noch saubere Luft und ein schönes blaues Meer, aber leider hat es dort immer noch keine Arbeit.

Aus Norditalien wandern heute nicht mehr viele aus, denn der Fortschritt hat in dieser Gegend viele neue Arbeitsplätze gebracht. Entlang der Grenze arbeiten jedoch noch viele als Grenzgänger. Oft ganze Familien, der Mann arbeitet hier, die Frau dort und der Sohn wieder an einem andern Ort. Am Morgen packen sie ein paar Scheiben Salami zum Mittagessen ein und kommen mit dem Wagen zur Arbeit in die Schweiz. Ehe sie am Abend wieder über die Grenze fahren, kaufen sie ein wenig Kaffee, Zigaretten und andere Sachen ein, die sie zu Hause weiter verkaufen können. Mit dem, was sie durch den hohen Frankenkurs an Lohn verdienen, führen sie sich im Dorf wie kleine Kapitalisten auf. Von Domodossola bis nach Como hinunter und auf der andern Seite bis ins Veltlin hinauf, vierzig Meter von der Grenze weg, hat sich jeder von ihnen sein Haus gebaut.

Beim Bauen tun sich drei-, vier zusammen und einigen sich, wer zuerst beginnt. Dann arbeiten sie Tag und Nacht, werktags und sonntags, in jeder freien Minute. Die Tochter hält das Licht, die Mutter muss den «Pflaster» tragen. In kurzer Zeit steht das Haus, und sie fangen mit dem nächsten an. Hier spielt die Kirche keine Rolle mehr, der Pfarrer sieht ruhig zu, wie die Leute den ganzen Sonntag arbeiten.

Beim Scheidungs-Referendum vor ein paar Jahren haben in meiner Gegend alle für den Papst gestimmt, aus diesem Grund gefällt es mir dort auch heute noch nicht. Ich könnte dort einfach nicht leben! Wenn ich gezwungen würde, in Italien zu leben, so würde ich nach Bologna ziehen. Dort leben Menschen mit denen ich diskutieren kann. Nicht weil es heute eine kommunistische Verwaltung hat. Bologna ist nicht zufällig Bologna. Die Kirche hat ihren Einfluss in der Romagna schon in früheren

Zeiten verloren. Vor dem Faschismus war Bologna die Hauptstadt der Republikaner und Sozialisten. Die Menschen sind dort seit langem emanzipierter als in andern Städten.

Als Turati den «Inno dei Lavoratori» schrieb, kam er sieben Monate ins Gefängnis. Heute wird er an der Mailänder Scala bei Galakonzerten gespielt, weil der Direktor und der Bürgermeister Mitglieder der Sozialistischen Partei sind. Etwas hat sich schon geändert, aber bis zum Sozialismus ist es noch ein langer Weg.

Kürzlich habe ich einen wunderbaren Film gesehen *(Bertoluccis «Novecento»)*. Den Titel kann ich nicht sagen, aber er handelte von den politischen Kämpfen in der unteren Pò-Ebene am Anfang des Jahrhunderts. Die Bauern hatten sich mit ihren Frauen auf dem Damm des Pò versammelt, um gegen die Übergriffe der Grossgrundbesitzer zu kämpfen. Da liessen die Landbesitzer eine Einheit Kavallerie rufen, um die Bauern zu vertreiben. Als sich die Soldaten auf dem Damm zum Angriff aufstellten, setzten sich alle Frauen singend vor ihren Männern auf den Boden, so dass die Militärs sie hätten niederreiten müssen, um ihre Männer zu vertreiben. Das hat mich am ganzen Film am meisten beeindruckt – der Mut dieser Frauen. Man darf nicht vergessen, dass die Frauen bei allen wichtigen Kämpfen auch immer ihren Anteil hatten.

Ich habe nicht geheiratet, weil in Wahrheit alle dazu fähig sind, einer Frau Lügen zu erzählen. Da lernt einer eine Japanerin kennen: «Ich mag die Japaner wahnsinnig gut.» Lauter Lügen um ins Gespräch zu kommen. «Ich hier – ich da – ich dort!» Wenn sich die Japanerin in ihn verliebt, geht vierzehn Tage alles gut. Dann tönt es plötzlich anders: «Du hier – du da – du dort!» «Le mola le düra» – nichts ist mehr recht an ihr!

Frauen gibt es auf der ganzen Welt, aber so, wie viele Italiener, behandelt sie sonst niemand. Wenn vier-, fünf Italiener zusammen auf der Strasse gehen, hörst du schon von weitem: «Schau dir mal die an! Nein, schau die andere dort, was die für Beine hat!» Schau hier – schau dort – das mag ich gar nicht. Ich finde das primitiv und dumm.

Nehmen wir an, ein junges Mädchen sitzt abends alleine in einem Lokal. Es kommen sieben oder acht solche Typen herein. «Ach schau die Blondine dort, die würde mir gefallen!» Sie setzen sich zum Mädchen hin und reden auf es ein: «Hübsches Mädchen, schönes Fräulein, können wir nicht und wollen wir nicht!» Sie geht nicht darauf ein. Ein anderer kommt herein, setzt sich auch in die Nähe und blättert in der Zeitung. Er sagt kein Wort, weder hübsch noch hässlich, aber er beobachtet genau, was vor sich geht. Nach einer Weile steht er auf, geht in die Telefonkabine und lässt das Mädchen ausrufen: «Wer spricht am Apparat? Ich bin jener mit der Zeitung, der in Ihrer Nähe sass!» «Ach, Sie sind das, ja, was wollen Sie? Hören Sie, ich habe heute abend etwas Zeit und wollte Sie höflich fragen, ob Sie nicht Lust hätten, mit mir einen kleinen Spaziergang zu machen!» «Ja gut, einverstanden, treffen wir uns in fünf Minuten beim Eingang!» Auf ihn geht sie ein, weil er sie mit Diskretion angesprochen hat.

Früher herrschten viel zu strenge Sitten, man war Sklave der moralischen Gesetze. Das hat sich stark geändert, man ist viel freier geworden. Aber man kann auch übertreiben. All diese Filme, die nur noch nackte Frauen zeigen etwa. Die Frau wird irgendwie degradiert. Sie ist nicht mehr als Person gesehen, sondern nur noch als ein Objekt zum Vergnügen. Das war früher anders, die Frau war irgendwie mehr geehrt. Man hatte viel mehr Achtung vor dem Körper einer Frau.

Ich plauderte in der Cooperativa mit einem befreundeten Ehepaar, da sagte mir der Mann unvermittelt: «Bianchi, weisst du, dass ich es richtig geniesse, mich mit dir zu unterhalten. Du bist jederzeit bei mir zu Hause eingeladen. Ich mag dich so gut, dass ich nicht eifersüchtig wäre, wenn du mit meiner Frau gehen würdest!» «Halt – halt, höre mir zu!» entgegnete ich: «Wenn du so zu mir sprichst, möchte ich fünfzig Meter von deiner Frau entfernt sitzen. Ich möchte sie nicht einmal mehr sehen, geschweige denn in dein Haus kommen. Weil, wenn etwas mit deiner Frau wäre, etwas anderes zwischen uns nicht mehr stimmen würde.»

Ich bin während siebzig Jahren an alle Ausflüge der Cooperativa gegangen – immer alleine. Niemand hat mich je mit einer Frau gesehen. Andere hingegen . . . Einmal hat sich einer nicht geschämt, eine aus dem Niederdorf mitzubringen und sie beim Essen betrunken zu machen. Für eine solche Arbeit bin ich nie zu haben gewesen.

Ich bin ein totaler Nenni-Anhänger. Nenni hat doch etwas geleistet – das kann man nicht ableugnen. Logisch, wenn ich heute an einer Kreuzung stehe und mich für einen Weg entscheide, kann es sich morgen ergeben, dass es der falsche Weg war, dass ich einen Fehler gemacht habe. Aber man darf sich deshalb nicht entmutigen lassen und an der Kreuzung stehenbleiben.

Ich möchte keine fünf Minuten meines Lebens ändern. Wenn mich jemand fragen würde «Möchtest du zehn Jahre jünger werden?» – ich würde ablehnen. Wenn man wieder jung werden könnte, stellt euch vor, wie sich dann diese Agnellis, Bührles, Fords und Krupps, diese grossen Kapitalisten, verhalten würden. Wenn es schon dem Bianchi gelingen würde, wieder jung zu werden, der ein Nichts ist . . . dann, lieber keine Minute Lebensverlängerung.

Für mich gibt es weder ein Paradies noch eine Hölle, sondern gar nichts. Es ist so wie beim Wasserrad einer Mühle, die das Getreide mahlt: Das Wasser kommt von oben und füllt einen Behälter des Rades. Das Gewicht des Wassers dreht das Rad, und unten angekommen, leert sich der Behälter wieder. So wie das Wasser einen Behälter füllt und wieder leert, so füllt auch der Bianchi einen Behälter.

Alles andere sind Lügen!

Erinnerungen an Pietro Bianchi

Die Cooperativa an der Militärstrasse in Zürich war in den 20 Jahren des Exils ein konstanter Bezugspunkt für die Exilierten. Viele Mitglieder der Cooperativa und der sozialistischen Sektion, die dort ihren Sitz hatte, waren Flüchtlinge aus der Zeit von 1898. Die führenden Genossen waren Armuzzi, Vuattolo, Dezza und Pietro Bianchi. Genosse Bianchi nahm sich am stärksten der Exilierten an, die Hilfe brauchten. Hier kannte sein Einsatz keine Grenzen. Er wandte ganze Tage auf, um für Genossen eine Unterkunft zu finden, die gerade geflüchtet und neu in die Familie der Verbannten eingetreten waren.

Pietro Bianchi war Arbeiter, Maurer glaube ich, aber er sorgte sich um alle und alles. Dem antifaschistischen Kampf war er zutiefst verpflichtet. Er war mir in herzlichster Freundschaft verbunden und fehlte an keiner Sitzung oder Veranstaltung an der ich teilgenommen habe.

Die einzige Freiheit, die wir uns ausserhalb der Verpflichtungen der Parteiarbeit erlaubten, war ab und zu ein Kartenspiel. Es hatten sich hier gewissermassen zwei gegensätzliche Spielergruppen gebildet: Bianchi und Armuzzi, die Maximalisten einerseits, Vuattolo und Dezza, die als Reformisten galten, andererseits. Aber es handelte sich auf jeden Fall um Sozialisten ohne Adjektive, die eng mit dem Schicksal der Partei verbunden waren. Sie gaben ihre Zeitung, den «Avvenire dei Lavoratori» heraus, der nach der Ankunft der antifaschistischen Flüchtlinge den Namen «Avanti» annahm.

Man kann sagen, dass sich Bianchi, wie wenige andere, Tag und Nacht für die Zeitung einsetzte, um deren Verbreitung zu sichern. Es gab eine Zeit, in der er sogar die Verantwortung des Herausgebers mit allen dazugehörenden Verpflichtungen auf sich genommen hat.

Die Diskussionen an der Militärstrasse drehten sich vor allem um die Partei, die eine der qualvollsten Perioden ihrer Geschichte durchmachte, nicht nur wegen der Verfolgungen, sondern auch infolge der Spaltung von 1921, aus der sie sich nur durch

Im Sommer 1975 besuchte Pietro Bianchi den in Crans sur Sierre in den Ferien weilenden Pietro Nenni. Es sollte ihre letzte Begegnung werden.

die unermüdlichen Kraftanstrengungen einer Kerngruppe von Arbeitern wiedererheben konnte. In diesen Diskussionen war Armuzzi der unnachgiebigste und Vuattolo, der übrigens einen verantwortlichen Posten in den schweizerischen Gewerkschaften inne hatte, der reformistischste.

Selten habe ich in meinem Leben einen Arbeiter kennengelernt, der sich wie Bianchi Tag und Nacht seinem bescheidenen aber wichtigen Arbeitsfeld verpflichtet fühlte. Für ihn gab es kein anderes Diskussionsthema als jenes des Wiederaufbaus und Wiederlancierens der Partei, kein anderes politisches Ziel in den Jahren nach 1921 als jenes, die Spaltung der Arbeiterbewegung zu überwinden.

Rom, Februar 1979 *Pietro Nenni*

Erklärung einiger Ausdrücke

ALL RIGHT!
Beliebter Ausruf Bianchis, den er bei jeder Gelegenheit verwendete.

BONOMELLIANA
Nach Mons. Bonomelli, Bischof von Cremona, genanntes katholisches Hilfswerk für Auswanderer, das diese vor und während der Reise wie auch am Bestimmungsort beraten und unterstützen sollte (ähnlich der sozialistischen «Umanitaria»). Entgegen den sicher gutgemeinten Absichten ihres Gründers entwickelte sich die Bonomelliana zu einer Institution, die völlig vom Unternehmertum abhängig war, bereit, jeden auch noch so gerechten Kampf der von ihr Betreuten um bessere Arbeits- und Lebensbedingungen im Keime zu ersticken. Die Bonomelliana war auch jederzeit bereit, den Streikbruch zu organisieren. Sie betreute zudem meistens die berüchtigten Italienerinnenheime (Arbeiterinnen-Kasernen) in vielen Fabriken unseres Landes.

CAPPELLETTI
gefüllte Nudeln in Hütchenform.

CORALE
Chor

DOPOLAVORO
Faschistische Massenorganisation für Freizeitgestaltung, die alle möglichen kulturellen und sportlichen Aktivitäten und somit praktisch das gesamte öffentliche Vereinsleben in Italien erfasste.

FILODRAMMATICA
Laientheater

MESSA E LAVORO
Messe und Arbeit

LE MOLA – LE DÜRA
Dialekt-Redewendung aus Bianchis Berufssprache. War der Maurer schlecht aufgelegt, so schikanierte er seinen Pflasterträger. Das Pflaster war ihm dann willkürlich einmal zu weich (mola), das folgende Mal zu hart (düra).

RONDANIN
Schwalbennest. In der Valle d'Intelvi trifft man immer wieder auf diese Hausbezeichnung. Sie galt Häusern, deren Bewohner den Sommer über auswanderten, um den traditionellen Maurerberuf auszuüben.

ROTES ZÜRICH
Von 1925 bis 1938 Mehrheit der Sozialdemokraten im Zürcher Gemeinderat, von 1928–1949 Mehrheit im Stadtrat (Exekutive)

SEMPLICIOTTO
Simpel, einfacher Kerl

STELLA FILANTE
Sternschnuppe

VIGLIACCO
Feigling

VOLERE O VOLARE
Wortspiel: Wollen oder Fliegen

Personenregister

ALBERTONI, ANTONIO, *1908, von Robasacco (TI), lebt in Zürich, Maurer, Spanienkämpfer, parteilos.
Er war Unteroffizier der Schweizer Armee, als er Zürich verliess, wo er arbeitete. Am 10. 9. 1936 trat er der Kolonne Hilario Zamora bei, mit der er bis zum Jahresende an der Front von Aragon kämpfte. Dann wurde er zu einem Offizierslehrgang an die Militärschule von Albacete berufen. Nach Bildung der Garibaldi-Brigade wurde er im Rang eines Leutnants in die 3. Kompagnie des 1. Bataillons eingeteilt. Er wirkte auch als Radiosprecher für die Tessiner Spanienkämpfer. Im September 1937 wurde er in Brunete verletzt. Nach einem Lazarett-Aufenthalt in Spanien kam er zur Ausheilung nach Frankreich. Im Mai 1938 kehrte er in die Schweiz zurück, wo er degradiert und zu acht Monaten Haft verurteilt wurde.

ANDREI, GINO, 1881–?, von Florenz, Handelsvertreter.
Anfang Juli 1917 traf er, mit einem Empfehlungsschreiben italienischer Sozialisten ausgewiesen, in Zürich ein. Er eröffnete eine Handlung an der Langstrasse und begann kulturelle Veranstaltungen in italienischer Sprache zu organisieren. Er trat der lokalen Sektion des PSI bei und wurde nach kurzer Zeit Vorstandsmitglied. Als er die politisch-satirische Zeitschrift «Ma chi è» zu veröffentlichen begann, machte ihn mehr die verhältnismässig aufwendige Gestaltung als der einseitig gegen Italien und die Entente gerichtete Inhalt des Blattes seinen Genossen verdächtig. Als er sich weigerte, der Partei erschöpfende Auskunft über die Finanzierung vorzulegen, wurden die Schweizerischen Behörden informiert, welche ihn als Spitzel und Provokateur im Dienste Österreichs entlarvten. Es stellte sich dabei heraus, dass er deswegen in Italien zum Tode verurteilt worden war. Am 13. 12. 1919 wurde er nach Frankreich ausgewiesen, ohne dass seine Rolle als «agent provocateur» unter den in die «Bombenaffäre von Zürich» verwickelten Anarchisten restlos geklärt worden wäre. Von Mussolini begnadigt, trat er später in den Dienst des Faschismus. In der ersten, am 2. 7. 1946 veröffentlichten Liste der Agenten und Konfidenten der faschistischen Geheimpolizei OVRA findet sich auch Gino Andrei, als in Florenz domizilierter Schriftsteller und Publizist-Journalist.

ARMUZZI, DOMENICO, 1873–1962, von Ravenna, Kaufmann.
Er politisierte sich sehr früh in der republikanischen Bewegung und wurde mit 16 Jahren ein erstes Mal an einer Kundgebung verhaftet. Mit Nullo Baldini war er an der Gründung der ersten Landarbeitergenossenschaft Italiens, der «Associazione generale Braccianti di Ravenna», beteiligt, die sich zum Ziele setzte, für ihre Mitglieder auf genossenschaftlicher Basis in den Sümpfen

der unteren Poebene Land zu gewinnen und zu bebauen. Nach der Repression von 1898, welche auch der Genossenschaftsbewegung schwere Schläge zugefügt hatte, liess sich Armuzzi in Zürich nieder, wo er ein Importgeschäft für Südfrüchte und Gemüse aufbaute, vermutlich um den Genossenschaften ein Absatzgebiet zu sichern. Er trat der lokalen Sektion des PSI bei, in welcher er – trotz der 1919 ausgesprochenen, 1920 provisorisch sistierten und erst 1944 aufgehobenen Landesverweisung – bis zu seinem Tode eine markante Rolle spielte. Von 1945–57 war er Präsident der Föderation der Colonie Libere Italiane in der Schweiz. Er stellte ein Prototyp des italienischen Maximalisten dar, über den sich schon zu Lebzeiten zahlreiche Anekdoten bildeten.

BALABANOFF, ANGELIKA, *1870–1965, von Tschernikoff, Russland, Dr. phil., Journalistin.*
Aus einer vornehmen Beamten- und Kaufmannsfamilie stammend – ihre Familie hatte u. a. das Privileg, den Privatzug des Zaren benützen zu dürfen – studierte sie Sozialpolitik in Brüssel, Berlin, Leipzig und Rom, wo sie vollständig mit ihrer Familie brach, nachdem sie in die sozialistische Partei eingetreten war. In der Schweiz nahm sie ihre Aktivität 1903 mit einem Vortrag vor italienischen Arbeiterinnen in St. Gallen auf. Sie arbeitete dabei eng mit Mussolini und Serrati zusammen. Nachdem 1912 die Parteileitung an den maximalistischen Flügel übergegangen war und Mussolini als Chefredaktor des «Avanti» eingesetzt wurde, arbeitete sie als dessen redaktionelle Beraterin bis zu seinem Bruch mit der Partei. Während des 1. Weltkrieges wurde sie Sekretärin der Zimmerwaldner Bewegung und lebte vorwiegend in der Schweiz. Anlässlich des Generalstreiks wurde sie 1918 als angebliche bolschewistische Drahtzieherin in Bern verhaftet und zusammen mit den Angehörigen der sowjetischen Botschaft ausgewiesen. Sie wurde Volkskommissarin und erste Sekretärin der III. Internationalen. Brach mit der III. Internationalen, vorwiegend wegen einem tiefen Zerwürfnis mit Sinowjew in der Frage der Stellung des PSI zur Internationalen und ging von 1922–26 nach Wien und später nach Paris. Zwischen 1936 und 1945 lebte sie in New York. Erbitterte Gegnerin Nennis am Kongress von Grenoble 1930, scharte sie jenen Teil des maximalistischen Flügels, welcher die Wiedervereinigung mit den Reformisten nicht anerkannte, um sich und erklärte die Kongressbeschlüsse für nichtig. Für die ganze weitere Dauer des antifaschistischen Exils bestanden fortan zwei rivalisierende Gruppierungen, die für sich in Anspruch nahmen, Nachfolgeorganisationen des in Italien verbotenen PSI zu sein. Sie starb 1965 in Rom.

BERTONI, LUIGI, *1872–1947, von Lottigna (TI), Schriftsetzer.*
Lebte in Genf, wo er von 1900–1940 als Herausgeber, Redaktor und Drucker im Alleingang die zweisprachige Wochenzeitschrift «Reveil/Risveglio» herausgab. Galt als einer der führenden Theoretiker des Anarchismus in der Schweiz. Im Bombenprozess von Zürich 1919 wurde versucht, ihn in die Anklage zu verwickeln. Nach über 13 Monaten Untersuchungshaft mus-

ste er in allen Punkten freigesprochen werden.

BEZIO, CARLO, *1887, von Invorio Inferiore, Novara, Schirmmacher.
War bei der Spaltung von 1921 in Zürich einer der Sprecher der Kommunistischen Fraktion und der eigentliche Kläger für die KP im Prozess um die Cooperativa.

BIAGINI, ALESSANDRO, *1885– 1967, von Prato-Florenz, ursprünglich Textilarbeiter, ab 1907 Obst- und Gemüsehändler.*
In Zürich seit 1906 gemeldet. Mitglied des PSI auf dem reformistischen Flügel.

BIANCHI UGO, *Gran Ufficiale, 1886–?*
Gehörte einer einflussreichen Seidenhändler-Familie an, die aus Como stammend sich um 1900 in Zürich niedergelassen hatte. Während des 1. Weltkrieges häufte diese ein beachtliches Vermögen an, indem sie Seidenabfälle, Zitronen und andere kriegswichtige Güter von Italien in die Schweiz und von da nach Deutschland oder Österreich verschob. Solche Geschäfte wurden in Italien, wenn sie entdeckt wurden, als Landesverrat bestraft. Trotzdem (oder deswegen?) gehörte diese Familie zu den Wortführern des italienischen Patriotismus und Nationalismus in der Schweiz. Nach Kriegsende Faschisten der ersten Stunde, wurden einige Mitglieder des Familienclans vom italienischen König für die geleisteten Verdienste (!) als «Grossoffiziere des Königreiches» ausgezeichnet. Während ein Mitglied des Clans seinen Namen auf Carl eindeutschte und die eigentliche Geschäftstätigkeit weiter betrieb. und ein anderes, Vittorio, von 1927–1932 als Generalkonsul von Zürich die Faschisierung der italienischen Kolonie recht eigentlich durchsetzte, wurde Ugo, als Repräsentationsfigur gutbürgerlicher Gesinnung in die verschiedenen vom Faschismus kontrollierten Vereine und Institutionen eingesetzt.

BOTTA, GIOVANNI, *«Benpecora», 1868–1949, aus Lenno, Maurer-Vorarbeiter.*

BRESCI, GAETANO, *1869–1901, von Prato, Florenz, Textilarbeiter.*
In Italien als Anarchist vorbestraft, wanderte er im Januar 1898 nach Petterson, New Jersey, USA, aus, wo er eine gutbezahlte Stellung als Seidendekorateur fand, sich mit einer Irin verheiratete und Vater wurde. Nachdem er sich so etabliert hatte, trat er in einen anarchistischen Zirkel ein. Die auf die Ereignisse von 1898 in Italien einsetzende, vom König gebilligte, Repression führte dazu, dass dieser Zirkel König Umberto I. zum Tode verurteilte. Bresci wurde durch das Los zur Ausführung des Urteils bestimmt. Nach einer über ein halbes Jahr dauernden minutiösen Vorbereitung gelang ihm die Tat am 21. 7. 1900. Er wurde sofort verhaftet und in der Folge zu sieben Jahren Isolationshaft und lebenslänglichem Gefängnis verurteilt. Nach offizieller Version starb er nach nur neun Monaten Haft durch Selbstmord.

BURINO, ROMEO, *1927, von Udine, Funktionär der Gewerkschaft Bau und Holz in Zürich.*

CANEVASCINI, GUGLIELMO, *1886–1965, von Tenero (TI)*. Sozialdemokratischer Tessiner Politiker, erster und langjähriger Regierungsrat seiner Partei in diesem Kanton.

CANONICA, EZIO, *1920–1978, von Corticiasca (TI), Gewerkschaftsführer, Nationalrat*. 1947 zum Zentralsekretär der Gewerkschaft Bau und Holz gewählt, wurde er 1968 deren Präsident. 1973 wurde er auch zum Präsidenten des Schweizerischen Gewerkschaftsbundes gewählt. Canonica war auch während langen Jahren Präsident (später Ehrenpräsident) der Cooperativa. Bianchi war mit ihm durch gegenseitige Wertschätzung verbunden, die soweit ging, dass Bianchi in seinem letzten Willen ausdrücklich festhielt, die Grabrede sei von Ezio Canonica zu halten. Ein letzter Wunsch, der einer schweren Erkrankung wegen nicht erfüllt werden konnte.

CASADEI, MARIO, *(eigentlich Luigi), 1899–1971, von Cesena, in Zürich geboren und aufgewachsen, Gipsermeister, Republikaner*. Wenn Pietro Bianchi erwähnt, Casadei sei nach dem 2. Weltkrieg Anarchist geworden, so ist das nicht wörtlich zu verstehen. Casadei war nach seiner persönlichen Erfahrung mit Pacciardi im speziellen, aber auch allgemein über die politische Entwicklung in Italien, in den letzten Jahren zutiefst verbittert geworden.

CASERIO, SANTE, *1872–1894, von Motta Visconti, Anarchist*. Wanderte nach Frankreich aus, wo er 1894 den Staatspräsidenten François Sadi Carnot ermordete. Starb unter der Guillotine.

CAVADINI, ARCANGELO, *1886–1918, von Lurate-Abbate, Como. Brotträger, Anarchist*. Er wurde im Verlauf der Untersuchungen in der «Bombenaffäre in Zürich» als Haupt einer anarchistischen Verschwörung dargestellt, die in der Schweiz einen revolutionären Umsturz geplant habe.

CELLA, ERMINIA, *geb. Ferretti, 1888–1959, von Castelnuovo, Reggio Emilia, Hausfrau, Buffetdame*. Führte die Cooperativa zusammen mit ihrem Lebensgefährten Enrico Dezza von 1935–1952.

CRISTINA-BISCHOFF, ANNA, *1872–1937, Hausfrau*. Schlummermutter Pietro Bianchis im Haus Jägergasse 14. Ihr Ehemann Luigi (1861–1942) teilte bis zu seinem Tode weiterhin die Wohnung mit Bianchi.

DEZZA, ENRICO, *1881–1961, von Scandiano, Emiglia-Romagna, Schlosser, Wirt, Kaufmann*. Führte das Cooperativo 1907–1909 und zusammen mit Erminia Cella 1935–1952. Nachdem ihm (1919–44) die Landesverweisung angedroht worden war, trat er nach eigener Angabe nicht mehr politisch in Erscheinung.

DUMINI, AMERIGO, *1896–1968*. Faschistischer Bandenführer. Nach dem Attentat auf Matteotti wurde er 1926 zu einer symbolischen Haftstrafe verurteilt, die 1945 in einem neuen Prozess zu einer lebenslänglichen Strafe umgewandelt wurde. Er wurde jedoch 1956 durch einen Gnadenakt des damaligen Justizministers Aldo Moro aus der Haft entlassen.

FARINACCI, ROBERTO, *1892– 1945, Bahnhofsvorsteher, faschistischer Politiker.*
Der ursprünglich reformistische Sozialist unterstützte 1914 die Intervention, drückte sich aber persönlich vor der Einberufung. Vertreter des vulgärsten und brutalsten Agrarfaschismus, wurde er nach dem Mord an Matteotti bis zur vollständigen Machtübernahme des Faschismus 1926 Parteisekretär des PNF. Ab 1936 war er im antisemitischen, pronazistischen Flügel der Partei. 1945 von Partisanen auf der Flucht verhaftet, wurde er vor ein Volksgericht gestellt, zum Tode verurteilt und erschossen.

FERDIN, GIULIO, *1883–1939, von Bevilaqua, Verona, Schneider.*
Gerant des Cooperativo von 1919– 1926.

FERRER, FRANCISCO, *1859– 1909, von Alella, Barcelona, Pädagoge, Anarchist.*
Nach der Niederschlagung des gegen den spanischen Kolonialkrieg in Marokko gerichteten Volksaufstandes in Barcelona (Juli 1909) wurde er, ohne daß ihm eine Teilnahme hätte nachgewiesen werden können, verhaftet, zum Tode verurteilt und hingerichtet. Später wurde er in einem neuen Prozess rehabilitiert und freigesprochen.

GUAITA *Fräulein*
Vermögende Mailänder Fabrikantentochter mit Landsitz in Lenno um 1900. Die Familie hat später eine andere Villa im Nachbardorf Tremezzo gekauft. Fräulein Guaita soll durch eine Dienstbotin oder Gouvernante namens Nina zum Sozialismus überzeugt worden sein.

LAMBERTI, CARLO, **1921, pensionierter Postbeamter von Lenno. Sozialist und ehemaliger Partisanenkämpfer.*
Bei den Recherchen zu diesem Buch hat er in Lenno wertvolle Mitarbeit geleistet, für die ich ihm an dieser Stelle danken möchte.

LEZZI, FRANCESCO, *1877–1966, von Gallipoli, Schneider.*
Nach dem Kongress von Grenoble war er Vertrauensmann der PSI-Maximalisten für die Schweiz. Stand in heftiger Opposition zu Vuattolo und Dezza.

LUZI, LELIO, *1882–?, von Camerino, Como.*
Koch im Cooperativa 1910–11. Bis 1919 Wirt, später Kaufmann. Polizeispitzel. Wegzug von Zürich 1930.

MATTEOTTI, GIACOMO, *1885– 1924, von Fratta Polesine, Rovigo.*
Stammte aus wohlhabender Familie und war seit frühester Jugend Mitglied des PSI auf dem reformistischen Flügel. Als unerbittlicher Gegner der Faschisten denunzierte er im Parlament immer wieder deren Korruption, Übergriffe und Gewalttaten. Seit 1921 war er Ziel mehrerer Attentate. In seiner letzten Parlamentsrede vom 30. 5. 1924 entlarvte er detailliert die Wahlbetrügereien der Faschisten bei den Parlamentswahlen vom April. Er schloss seine Rede mit den an seine Freunde und Genossen gerichteten

Worten: «Jetzt könnt ihr meine Begräbnisrede vorbereiten.» Am 10. 6. wurde er von einem faschistischen Schlägertrupp in Rom auf offener Straße zusammengeschlagen, in einem Auto entführt und erstochen. Die Entführung stürzte den Faschismus für kurze Zeit in eine schwere Krise, welche die antifaschistischen Parteien jedoch nicht ausnützen konnten. Als die Leiche Matteottis am 15. 8. in einem Buschwald in der Umgebung Roms verscharrt gefunden wurde, hatte Mussolini die Krise bereits überwunden. Das Martyrium Matteottis wurde jedoch zum Symbol des antifaschistischen Widerstandes in Italien.

MEDRI, ANTONIO, *1890–1978, von Cesena, Schneider, ursprünglich Anarchist.*
Er war in den dreissiger Jahren Initiant der Mansarda, eines antifaschistischen Bildungszirkels, der neben der Scuola Popolare zu den eigentlichen Vorläufern der Colonia Libera Italiana gezählt werden kann. Von 1958–71 war er Präsident der Föderation der Colonie Libere Italiane in der Schweiz.

MISIANO, FRANCESCO, *1884–1936, von Ardore, Reggio Calabria.*
Mitglied des PSI seit 1907. Weigerte sich 1916, an die Front zu gehen und flüchtete aus dem Gefängnis in die Schweiz, wo er in Zürich Redaktor des «Avvenire» wurde. Nach dem Generalstreik wurde er am 18. 12. 1918 nach Deutschland ausgewiesen, wo er 1919 in Berlin am Spartakusaufstand teilnahm. Mitbegründer des PCd'I, als dessen Parlamentsabgeordneter er das Opfer eines faschistischen Attentats wurde. Lebte ab 1924 in der UdSSR, wo er Präsident des Rates der Filmkünstler und Mitarbeiter der Internationalen Roten Hilfe wurde.

MODIGLIANI, GIUSEPPE EMANUELE, *1872–1947, von Livorno, Rechtsanwalt.*
Aus bürgerlicher Familie stammend, war er 1913 Parlamentsabgeordneter des PSI geworden. Ursprünglich auf maximalistischen Positionen, näherte er sich immer mehr den reformistischen Theorien Turatis an. Emigrierte 1926 nach Frankreich und 1940 nach dem Zusammenbruch in die Schweiz, die er 1945 wieder verliess.

MUSSOLINI, BENITO, *1883–1945, von Predappio, Forli, Primarlehrer.*
Emigrierte 1901 in die Schweiz, wo er in Orbe wenige Tage als Handlanger arbeitete. In Lausanne lernte er Serrati kennen, unter dessen Anleitung er sozialistischer Agitator und Mitarbeiter des «Avvenire» wurde, bis er 1904 nach einem Zerwürfnis mit Serrati nach Italien zurückkehrte. Nachdem er nach dem Generalstreik von 1912 zusammen mit Nenni zu einer kurzen Haftstrafe verurteilt worden war, wurde er in die Parteidirektion des PSI gewählt und übernahm die Redaktion des «Avanti». Am 25. 11. wurde er seiner offen interventistischen Positionen wegen aus der Partei ausgeschlossen.

NENNI, PIETRO, *1891, von Faenza, Romagna.*
Urprünglich Republikaner und Interventist, war er 1919 für kurze Zeit Mitarbeiter Mussolinis am «Popolo d'Italia». 1920 trat er dem

PSI bei und wurde 1921 Redaktor des «Avanti» unter Serrati. 1926 emigrierte er über die Schweiz nach Frankreich. 1940, nach dem Zusammenbruch Frankreichs, wurde er von der Gestapo verhaftet, den faschistischen Behörden ausgeliefert und in Ponza interniert, wo er am 25. 7. 1943 befreit wurde. Er wurde Vertreter des PSI im Nationalen Befreiungskomitee. 1945 wurde er Vize-Ministerpräsident und später Aussenminister. Heute ist Nenni Ehrenpräsident des PSI.

NITTI, FRANCESCO SAVERIO, *1868–1953, von Melfi.*
Bürgerlicher Politiker, Mitglied der Radikalen Partei. Als Präsident des Ministerrats vom Mai 1919 bis Mai 1920 setzte er die Amnestie zugunsten der Refraktäre und Deserteure gegen den Willen der Nationalisten und Faschisten durch. Gleichzeitig unterdrückte er jedoch aufs schärfste die zahlreichen Kämpfe der Arbeiterschaft. Er emigrierte 1924 in die Schweiz und dann nach Frankreich.

OSSOLA, DON SAMUELE, *183?– 1922, Erzpriester von Lenno von 1875–1920.*
Soll ein äusserst strenges Regiment geführt haben, was auch der militärische Übername «baionetta» ausdrückte. Das soll ihn so unbeliebt gemacht haben, dass ihn ein unbekannt gebliebener Täter um die Jahrhundertwende nachts auf der Strasse niederschoss, um ihm einen Denkzettel zu verpassen.

PACCIARDI, RANDOLFO, **1899, lebt in Rom.*
Urprünglich Republikaner, entwickelte er sich in den letzten Jahren immer mehr zur extremen Rechten hin. Wurde vor einigen Jahren in rechtsextremistische Staatsstreichpläne verwickelt.

PAGGI, GIOVANNI, *«Tirilinchett», 1835–1938, vom Lenno.*
Soll der reichste Mann im Dorf gewesen sein. Verkaufte sein Elektrizitätswerk 1920 einem Elektrokonzern und setzte sich für die letzten Jahre in San Remo zur Ruhe.

RAVAIOLI, GIOVANNI, *1894– 1961, von Cesena.*
Kam 1908 in die Schweiz, wo er als Ladenhilfe tätig wurde. Seit 1915 betrieb er ein eigenes Geschäft als Gemüsehändler. Mitbegründer der Mansarda und der Colonie Libere, trat er stark für die Belange der Schule ein.

RABITSCH, HANS, *1895–1954, von Klagenfurt, Gewerkschaftssekretär.*
Kam im Alter von neun Jahren mit seiner Mutter nach Zürich und erlernte später den Maurerberuf. Auf Wanderschaft in Deutschland wurde er 1914 eingezogen. 1920 kehrte er in die Schweiz zurück, wo er seinen Beruf wieder aufnahm. Ab 1931 vollamtlicher Sekretär der Sektion Zürich des Bau- und Holzarbeiterverbandes. War aktiver Unterstützer des antifaschistischen Widerstands in Österreich. 1939 trat er aus der KP aus.

ROSSELLI, CARLO, *1889–1937, von Rom, Mitbegründer der Gruppe «Giustizia e Libertà».*
Als Antifaschist 1926 verhaftet und auf die Insel Lipari verbannt, flüchtete er 1929 nach Frankreich. 1936 wurde er in Spanien als Kommandant einer der ersten italienischen

Kolonnen verletzt. Er kehrte zur Heilung nach Frankreich zurück, wo er zusammen mit seinem Bruder Nello in der Provence von einem faschistischen Kommando erdolcht wurde.

SABATINI, ANTONIO, *1902, von Giubiasco (TI), Bodenleger.
Reiste von Zürich aus, wo er arbeitete, nach Spanien und wurde am 25. 10. 1937 in die Brigade Garibaldi eingeteilt. Er wurde zu einem zweimonatigen Spezialkurs nach Quintenar abkommandiert und anschließend nach Madrid versetzt, wo er Dienst in einer Sondereinheit zur Bekämpfung der fünften Kolonne leistete. In seiner Abwesenheit wurde er in der Schweiz durch ein anonymes Schreiben den Behörden denunziert. Als er im Herbst 1938 nach Zürich zurückkehrte, wurde er zu fünf Monaten Haft verurteilt, von denen er jedoch nur drei Wochen absitzen musste. Lebt in Zürich.

SAMPIERI, ALDO, 1888–?, von St. Arcangelo, Forlì.
Sampieri kehrte am 23. Juni 1919 aus dem Krieg nach Zürich zurück, wo seine Frau als Fabrikarbeiterin lebte. Mitglied der Republikanischen Partei, wurde er Präsident des neu gegründeten Interessenverbandes der italienischen Kriegsteilnehmer. Nach kurzer Zeit trat er jedoch von diesem Amt zurück, nachdem er in einem offenen Brief mit harten Worten auf die zunehmende Faschisierung dieser Organisation hingewiesen hatte. Er eröffnete 1922 an der Walchestrasse 35 ein Comestiblegeschäft. In den folgenden Jahren wurde er nacheinander Anarchist, Sozialist, Maximalist, Giustizia e Libertà-Mitglied und Sympathisant des PCI. Er war auch aktives Mitglied zahlreicher antifaschistischer Vereine und vor allem von 1943 bis zu seiner zufälligen Entlarvung äusserst aktiv am Wiederaufbau einer antifaschistischen Kolonie in Zürich beteiligt. Die Entlarvung wäre vermutlich nicht zustande gekommen, wenn nicht Nenni persönlich, der Sampieri aus seiner Exilzeit gut gekannt hatte, auf seine Akte in den Geheimarchiven der OVRA gestossen wäre.

SARAGAT, GIUSEPPE, *1898, von Turin. Mitglied des PSI seit 1922, ab 1925 im Parteivorstand.
Er lebte von 1926 bis 1943 im Exil in Österreich und Frankreich und trat zwischen 1943 und 1945 für die Wiedervereinigung mit den Kommunisten ein. 1947 spaltete er den reformistischen Flügel der Partei ab und gründete vereint mit anderen reformistischen Splittergruppen die Sozialdemokratische Partei Italiens PSDI, deren Generalsekretär er bis 1963 war. Zwischen 1964 und 1971 war er italienischer Staatspräsident.

SCHIAVETTI, FERNANDO, 1892–1970, von Rom, Dr. phil.
Als Republikaner Interventist, nahm er als Soldat und Offizier am 1. Weltkrieg teil. Nach Kriegsende wurde er bis 1926 Sekretär der Republikanischen Partei und Redaktor ihrer Zeitung. 1926 musste er ins Exil nach Frankreich flüchten. Von 1928–1932 lebte er in Marseille, wo er nach kurzer Tätigkeit als Hafenarbeiter eine vierjährige Lehre als Typograf absolvierte. Als er 1932 in die Leitung der Scuola popolare berufen wurde, hatte er sich bereits

weitgehend der sozialistischen Bewegung angeschlossen. Neben dem Schulunterricht, den er zusammen mit seiner Ehefrau besorgte, entwickelte er eine rege politische und kulturelle Aktivität innerhalb der antifaschistischen Emigration. Er wurde ein führendes Mitglied von Giustizia e Libertà und deren Nachfolgeorganisation, der Aktionspartei. Mitbegründer der Colonie libere, kehrte er noch vor Kriegsende nach Italien zurück und gab in Mailand die Zeitung der Aktionspartei «Italia libera» heraus. Nach Auflösung dieser Partei 1946 trat er dem PSI bei. 1964 trat er mit dem linken Flügel aus dem PSI aus und wurde Mitbegründer der sozialistischen Partei für proletarische Einheit (PSIUP). In den Nachkriegsjahren war er auch Mitglied der verfassungsgebenden Versammlung, Parlamentsabgeordneter und Senator.

SCHIEVANO, LUIGI, *1869–1945, von Vicenza, Maurer.*
Hat wiederholt mit Bianchi auf dem Bau gearbeitet, so auch bei den ETH-Erweiterungsbauten.

SCHUSTER, ALFREDO, ILARIO, *1880–1954, Kardinal, Erzbischof von Mailand, schweizerischer Herkunft.*
War unter den höchsten katholischen Würdenträgern einer der grössten Unterstützer des Faschismus. Bei dessen Zusammenbruch im April 1945 versuchte er vergeblich auf Wunsch Mussolinis zwischen diesem und dem nationalen Befreiungskomitee zu vermitteln.

SERRATI, GIACINTO MENOTTI, *1876–1926, von Oneglia.*
Nach einer unruhigen Jugend, in der er die halbe Welt bereiste und vom Stallburschen über den Matrosen zum Journalisten die vielfältigsten Berufe ausübte, kam er nach den Ereignissen von 1898 in die Schweiz, wo er – mit einem kurzen Unterbruch 1903, als er die Herausgabe von «Il Proletario» in New York besorgte – bis 1912 den «Avvenire» herausgab. Nach Mussolini wurde er 1915 Chefredaktor des «Avanti» (bis 1923). Nach dem Kriege scheiterte Serrati beim Versuch, die revolutionäre Einheit der Arbeiterklasse zu bewahren. Serrati trat 1924 mit den sogenannten «Drittinternationalisten» zum PCd'I über und starb 1926 auf dem Weg zu einer illegalen Sitzung des Zentralkomitees dieser Partei.

SILONE, IGNAZIO, = *Secondo Tranquilli, 1900–1978, von Pescina, Abbruzzen, Schriftsteller.*
Als Vorstandsmitglied der Italienischen Sozialistischen Jugend war er 1921 Mitbegründer der PCd'I. 1930 trat er aus der Partei aus, nachdem er einige Zeit Mitglied der Delegation bei der III. Internationale gewesen war. Er lebte im Exil in Zürich, wo seine ersten Romane «Fontamara» (1930) und «Brot und Wein» (1936) zuerst in deutscher Übersetzung erschienen. Nach Kriegsausbruch einige Zeit von den Schweizer Behörden verfolgt und interniert, wurde er 1943 Redaktor des wieder erscheinenden «Avvenire». Nach 1945 wurde er einige Zeit Redaktor des «Avanti». Auf sozialdemokratischen und strikten antikommunistischen Positionen zog er sich jedoch bald aus der aktiven Politik zurück.

SIRONI, ANGELO, *1881–1963, Monsignore*.

Er war seit 1906 zuerst Sekretär, später Generalvikar des Bischofs von Cosenza, als er 1936 mit dem faschistischen Regime in Konflikt kam und als Erzpriester nach Lenno strafversetzt wurde. Als konsequenter Antifaschist setzte er sich 1943 über Carlo Lamberti mit Sozialisten und Kommunisten in Verbindung, um den Widerstand aktiv zu unterstützen. Ein anderer konsequenter Antifaschist, der nach Lenno strafversetzt worden war und dort die Befreiungsbewegung aktiv unterstützte, war Pater Guido aus Mailand, ein in Eritrea tätig gewesener Missionar. Es ist zu vermuten, dass Bianchi von diesen Persönlichkeiten gehört hatte, und deshalb von der «Adresse eines ehrlichen, mutigen Pfarrers» spricht.

TURATI, FILIPPO, *1857–1932, von Canzo, Como*.

1892 Mitbegründer des PSI, später Führer ihres reformistischen Flügels. Nach einer abenteuerlichen Flucht aus faschistischer Gefangenschaft begab er sich 1922 nach Frankreich ins Exil.

VEZZONI, ORESTE, **1930, von Campitello-Mantova, Metallarbeiter*.

Seit 1966 Regionalfunktionär für ausländische Arbeiter des SMUV (Schweiz. Metall- und Uhrenarbeiter Verband) in Zürich.

VUATTOLO AUGUSTO, *1892–1960, von Cividale, Udine*.

Aus Deutschland ausgewiesen, kam er 1913 in die Schweiz, wo ihn der Maurerverband beauftragte, die beim Tunnelbau beschäftigten Arbeiter zu betreuen. 1914 wurde er Zentralsekretär dieses Verbandes. Von 1921–1948 war er Zentralsekretär im Schweizerischen Bau- und Holzarbeiterverband. Verfasser der «Geschichte des Schweizerischen Bau- und Holzarbeiterverbandes 1873–1953».

Parteienregister

GL = *Giustizia e Libertà*. Wichtigste der bürgerlichen antifaschistischen Gruppierungen sozialistischer Prägung. Sie erregte immer wieder Aufsehen durch die spektakulären Aktionen, die sie gegen den Faschismus führte. Zu Beginn der Befreiung Italiens in Partito d'Azione umgenannt, leistete sie mit ihren Partisanen-Verbänden einen wichtigen Beitrag zum antifaschistischen Kampf. Löste sich 1946 auf.

PCI = *Partito Comunista Italiano (urspr. PCd'I)*. 1920 konstituierte sich die kommunistische Fraktion des PSI in Imola, wo sie sich auf ein Grundlagen-Papier einigte. Der beachtliche Erfolg, den diese Fraktion bei der Spaltung in der Schweiz erzielte, hielt nicht lange an. Die Bespitzelungen und Denunziationen seitens der Faschisten und die harte Verfolgung durch die schweizerischen Behörden führten bald zu einem starken Mitgliederschwund der italienischen KP in der Schweiz und zwang sie, ihre Aktivität in die Illegalität zu verlegen.

PRI = *Partito Republicano Italiano*. Der Bewegung für die Einigung Italiens entstammend, wurzelte sie tief im Gedankengut Mazzinis (Einheit Italiens in einer föderativen Republik, usw.). Sie hatte ihren Schwerpunkt vor allem in der Emiglia-Romagna. Schon nach dem Ersten, vor allem aber nach dem Zweiten Weltkrieg, nahm ihre Bedeutung stark ab.

PSI = *Partito Socialista Italiano*. Bereits 1885 wurde eine Italienische Sozialistische Partei in der Schweiz gegründet, welche nach der Gründung des PSI 1892 in Genua als Föderation aufgenommen wurde. Nach dem Aufkommen des Faschismus richteten sich die Sektionen in der Schweiz immer mehr auf die Positionen der schweizerischen Sozialdemokratie aus. Als sich 1946 die italienischen Sozialdemokraten von den Sozialisten abspalteten, trat die Förderation keiner der beiden Parteien bei und erklärte sich als neutral, bis am Kongress von 1968 der Wiedereintritt in den PSI beschlossen wurde.

Bild- und Dokumentennachweis

D Dokument
F Foto
R Reproduktion

Asino (Reprint Feltrinelli, Milano)
D: 85, 86
Avvenire del Lavoratore (SAZ)
D: 150
Baugeschichtliches Archiv der Stadt Zürich
D: 57, 82, 88, 97, 114, 123
Bianchi, Guerino, Lenno
D: 46
Blöchliger-Kuster, Alois, Uznach
D: 35
Bundesarchiv, Bern
D: 66, 71, 77
Burrino, Romeo, Zürich
D: 104, 129
Casadei, Gino, Wettswil
D: 67, 151, 160(b)
Cella, Ettore, Brütten
D: 109
Domenica del Corriere, Milano
D: 28
Edilizia Svizzera, Lugano
D: 158
FCLI Zürich
D: 136, 138, 145, 146
Ferrari-Burrino, Gaetano, Zürich
D: 13, 174
Gaechter, Hanspeter, Zürich
F: 12
Gretler, Roland, Benglen
R: 52
Honegger, Otto, Wald
D: 25
Husmann, Urs, Schaffhausen
F: 15, 20, 147, 153, 154, 155
IBA, Oberengstringen
F: 128
Jacob, Walter, Zürich
D: 160

Lamberti, Carlo, Lenno
D: 16(a), 31
Lang, Candid, Zürich
F: 166
Lezzi, Otto, Zürich
D: 100, 108, 110, 120
Linggi, Ernst, Zürich
D: 98
Marchi, Rina, Zürich
D: 39, 40, 41, 113
Rabitsch, Wina, Zürich
D: 117
Ravaioli, Werther, Zürich
D: 107
Ringier Bilderdienst, Zürich
F: 162
Robbiani, Sonja, Brüttisellen
F: 175
Schweizerisches Landesmuseum Zürich
D: 142
Schweizerisches Sozialarchiv Zürich
D: 24, 51, 55
Spiller, Willy, Zürich
F: 43, 164, 165
Stadtarchiv Zürich
D: 63, 65, 75, 141
Staub, Hans, Zürich
F: 116
Stiftung Studienbibliothek zur Geschichte der Arbeiterbewegung, Zürich
D: 50, 61, 78, 81, 132, 133
Tognola, Marco, Zürich
D: 180
Tuggener, Zürich
F: 140
Zürcher Wochenchronik (Zentralbibliothek Zürich)
D: 37, 56, 60, 68, 69
Alle nicht erwähnten Fotos und Dokumente befinden sich im Besitze des Autors.

LIMMAT VERLAG

Esther Modena-Burkhardt
Giustizia e Libertà
Von «Guistizia e Libterà» zum «Partito d'Azione». Aktion und Programmatik einer liberal-sozialistischen Bewegung im Widerstand gegen den Faschismus (1924–1945).

Die sich anfänglich auf den Liberalismus des «Risorgimento» berufende Intellektuellenbewegung «Giustizia e Libertà» (Gerechtigkeit und Freiheit) wurde durch ihre propagandistische Aktivität im faschistischen Italien wichtigstes Sammelbecken für antifaschistische Intellektuelle. Im französischen Exil leistete sie durch ihre Hinwendung zu einem unabhängigen Sozialismus in der Auseinandersetzung mit italienischen Kommunisten und Sozialisten den wesenlichsten italienischen Beitrag an die gesamteuropäische Diskussion der dreißiger Jahre über einen «dritten Weg» sowohl zwischen Bolschewismus und Faschismus als auch zwischen Sozialismus und Kommunismus.

Pressestimmen

Außer dem großangelegten Werk von Paolo Spriano über die Geschichte der KPI, zum ersten Mal die vollständige Darstellung einer Bewegung des italienischen Antifaschismus von seinen Anfängen bis zum Ende der Widerstandsbewegung.
Italia Contemporanea

Die Geschichte der Bewegung ist durch alle Phasen hindurch in einer geglückten Kontrapunktik zu den übrigen antifaschistischen Kräften (insbesondere Sozialisten, Kommunisten, Trotzkisten, Anarchisten und Republikaner) dargestellt.
Studi Storici

Wildbachstr. 48 Postfach 8034 Zürich

LIMMAT VERLAG

Die großartige Auswanderung
des Andreas Dietsch und seiner
Gesellschaft nach Amerika
*Zusammengestellt und mit Dokumenten und zeitgenössischen
Illustrationen versehen vom Limmat Verlag.*

Im Juni 1844 verließen vierzig Männer, Frauen und Kinder Aarau Richtung Le Havre. Sie wanderten nach Amerika aus, um dort *Neu Helvetia* zu gründen, eine Kommune auf der Basis des Gemeineigentums. Bereits 1842 hatte der aus Mülhausen stammende Andreas Dietsch seine Vision einer gerechten Gesellschaft mit dem Titel «Das tausendjährige Reich» veröffentlicht. Dietschs Utopie, mit der er sich in die Tradition des Handwerkerkommunismus der vierziger Jahre einreiht, ist zwar von weit geringerer Bedeutung als die Schriften seines Zeitgenossen Wilhelm Weitling. Der Aarauer Bürstenmacher blieb dafür nicht bei seiner Theorie stehen.

In seinem Tagebuch, das nebst Auszügen aus der Utopie und weiteren Schriften vollständig in diesem Buch abgedruckt ist, schildert Dietsch die spannende Geschichte der Reise, des Aufbaus der Kolonie in Missouri und deren Scheitern.

Pressestimmen

Dem Limmat Verlag ist mit der ‹Großartigen Auswanderung› eine Entdeckung gelungen, er hat ein spannendes, materialreiches Buch daraus gemacht. *Süddeutscher Rundfunk*

... Verdienstvoll deshalb, weil es ein bewegtes und bewegendes Kapitel des schweizerischen Frühsozialismus und der schweizerischen Auswanderungsgeschichte so erschließt, daß es auch für den Laien lesbar, nachvollziehbar ist. *Tages-Anzeiger*

Wildbachstr. 48 Postfach 8034 Zürich

LIMMAT VERLAG

Helmut Zschokke
Die Schweiz und der spanische Bürgerkrieg

Spanien 1936: Faschistischer Militäraufstand gegen die Volksfrontregierung. Unterstützt von Italien und dem Deutschen Reich, rücken die Rebellen scheinbar unaufhaltsam vor. Arbeiter, Intellektuelle und Antifaschisten aus der ganzen Welt eilen zur Verteidigung der Republik nach Spanien, das zum Fanal des Widerstandes gegen den Faschismus wird. Auch etwa 700 Schweizer ziehen nach Spanien; über hundert von ihnen fallen im Kampf.

Während die Arbeiterbewegung in der Schweiz Hilfe für die bedrängte Republik organisiert, schlagen sich die offizielle Schweiz und das Bürgertum auf die Seite Francos. Engagierte Verfechter der Volksfront werden als «Spanienwerber» ins Gefängnis gesteckt, gegen die kommunistische Partei, die eine Werbezentrale aufgebaut haben soll, wird eine Kampagne gestartet, die deren Verbot zum Ziel hat. Heimkehrende Spanienkämpfer werden vors Militärgericht gestellt und zu mehrmonatigen Gefängnisstrafen verurteilt. Eine offizielle Rehabilitierung der Spanienkämpfer ist bis heute nie erfolgt.

Pressestimmen

...Broschüre Zschokkes, die zwar nicht abgerundetes Geschichtswerk ist, dafür aber mehr als *aufschlußreiche Quellensammlung* so vielfältiges Material zutage fördert, daß ein brisantes Stück Schweizergeschichte und Neutralitätspolitik schonungslos ausgeleuchtet wird.   *Tages Anzeiger*

Eindrücklich beschreibt Zschokke, welche Breite die Solidaritätsbewegung mit dem republikanischen Spanien hatte.
Basler Zeitung

Wildbachstr. 48 Postfach 8034 Zürich

LIMMAT VERLAG

James Guillaume
Johann Heinrich Pestalozzi – Bürger der Revolution
Rote Welle 5

Guillaumes Buch behandelt ein bewegtes Stück Schweizer Geschichte: In den Jahren nach 1790 drangen die Ideen der Französischen Revolution auch in die Schweiz ein und bestärkten die unterdrückte Bevölkerung in ihrem Widerstand gegen die alte Herrschaft. Diese wurde 1798 mit Hilfe der französischen Armee gestürzt. Im neuen Staat, der Helvetischen Republik, versuchten die «Patrioten», die Grundsätze von Freiheit und Gleichheit in die politische Praxis umzusetzen. Pestalozzi verteidigte in zahlreichen Schriften die Französische Revolution. Diese revolutionäre Haltung paßt schlecht ins gängige Bild des gütigen und etwas weltfremden Pestalozzi, wie es von Pädagogen und Historikern gezeichnet worden ist. Guillaumes Interesse galt dem politischen Pestalozzi, dessen Kampf für die Menschenrechte er anhand von zahlreichen Briefstellen und Auszügen aus Pestalozzis Schriften beschrieb. Seine Untersuchung erscheint hier zum ersten Mal in deutscher Sprache.

Pressestimmen

Damit ist eine Lücke in der deutschsprachigen Pestalozziliteratur ausgefüllt.
Vorwärts

Das kleine Buch weckt schon Interesse vom Verfasser her.
Badener Tagblatt

Eine Lektüre, die für den an der prinzipiellen Meinungsbildung und an der «anderen Seite der Schweizer Geschichte» Interessierten erregend ist.
Volksrecht

Wildbachstr. 48 Postfach 8034 Zürich